U0570843

六韬三略

【为世人瞩目的兵法策略与智慧书】

〔周〕姜尚 〔汉〕黄石公◎著

"青少年经典阅读书系"编委会◎主编

首都师范大学出版社

CAPITAL NORMAL UNIVERSITY PRESS

图书在版编目(CIP)数据

六韬三略/《青少年经典阅读书系》编委会主编.—北京：
首都师范大学出版社,2011.12(2025年3月重印)
（青少年经典阅读书系.国学系列）
ISBN 978-7-5656-0623-6

Ⅰ.①六… Ⅱ.①青… Ⅲ.①兵法-中国-古代-青年读物
②兵法-中国-古代-少年读物 Ⅳ.①E892.2-49

中国版本图书馆 CIP 数据核字(2011)第 256540 号

六韬三略

《青少年经典阅读书系》编委会 主编

策划编辑 徐建辉
首都师范大学出版社出版发行

地　　址　北京西三环北路 105 号
邮　　编　100048
电　　话　68418523(总编室)　68418521(发行部)
网　　址　www.cnupn.com.cn
印　　厂　廊坊市安次区团结印刷有限公司
经　　销　全国新华书店发行
版　　次　2012 年 9 月第 1 版
印　　次　2025 年 3 月第 7 次印刷
书　　号　978-7-5656-0623-6
开　　本　710mm×1000mm　1/16
印　　张　10.5
字　　数　152 千
定　　价　37.00 元

总　序

Total order

　　被称为经典的作品是人类精神宝库中最灿烂的部分，是经过岁月的磨砺及时间的检验而沉淀下来的宝贵文化遗产，凝结着人类的睿智与哲思。在滔滔的历史长河里，大浪淘沙，能够留存下来的必然是精华中的精华，是闪闪发光的黄金。在浩瀚的书海中如何才能找到我们所渴望的精华，那些闪闪发光的黄金呢？唯一的办法，我想那就是去阅读经典了！

　　说起文学经典的教育和影响，我们每个人都会立刻想起我们读过的许许多多优秀的作品——那些童话、诗歌、小说、散文等，会立刻想起我们阅读时的那种美好的精神享受的过程，那种完全沉浸其中、受着作品的感染，与作品中的人物，或者有时就是与作者一起欢笑、一起悲哭、一起激愤、一起评判。读过之后，还要长时间地想着，想着……这个过程其实就是我们接受文学经典的熏陶感染的过程，接受文学教育的过程。每一部优秀的传世经典作品的背后，都站着一位杰出的人，都有一颗高尚的灵魂。经常地接受他们的教育，同他们对话，他们对社会、对人生的睿智的思考、对美的不懈的追求，怎么会不点点滴滴地渗透到我们的心灵，渗透到我们的思想和感情里呢！巴金先生说："读书是在别人思想的帮助下，建立自己的思想。""品读经典似饮清露，鉴赏圣书如含甘饴。"这些话说得多么恰当，这些感

总　序

Total order

　　受多么美好啊！让我们展开双臂、敞开心灵，去和那些高尚的灵魂、不朽的作品去对话、交流吧，一个吸收了优秀的多元文化滋养的人，才能做到营养均衡，才能成为精神上最丰富、最健康的人。这样的人，才能有眼光，才能不怕挫折，才能一往无前，因而才有可能走在队伍的前列。

　　《青少年经典阅读书系》给了我们一把打开智慧之门的钥匙，会让我们结识世界上许许多多优秀的作家作品，会让这个世界的许多秘密在我们面前一览无余地展开，会让我们更好地去感悟时间的纵深和历史的厚重。

　　来吧！让我们一起品读"经典"！

国家教育部中小学继续教育教材评审专家
中国教育学会中学语文教学专业委员会秘书长

丛书编委会

丛书策划 复 礼

王安石

主　　编 首 师

副 主 编 张 蕾

编　　委（排名不分先后）

张　蕾　李佳健　安晓东　石　薇　王　晶

付海江　高　欢　徐　可　李广顺　刘　朔

欧阳丽　李秀芹　朱秀梅　王亚翠　赵　蕾

黄秀燕　王　宁　邱大曼　李艳玲　孙光继

李海芸

　　所谓"六韬"，即指六种秘密的谋略，亦即论述战争问题的六种韬略。全书分文、武、龙、虎、豹、犬六卷共六十篇，以姜太公与周文王、周武王问对的形式，对经国治军的基本方略及指挥战争的具体战略、战术进行阐述。其中文韬、武韬两卷主要论述战略问题，龙韬一卷论述将帅问题，虎、豹、犬三卷论述各种条件下的具体作战方法。

　　《六韬》通过周文王、武王与吕望对话的形式，论述治国、治军和指导战争的理论、原则，是一部具有重要价值的兵书，对后世产生了重大影响，受到历代兵家名将的重视，司马迁《史记·齐太公世家》称："后世之言兵及周之阴权，皆宗太公为本谋。"北宋神宗元丰年间，《六韬》被列为《武经七书》之一，为武学必读之书。《六韬》在国外也有深远影响，16世纪传入日本，18世纪传入欧洲，现今已翻译成日、法、朝、越、英、俄等多种文字。

　　《三略》是中国古代第一部专讲战略的兵书，以论述政治战略为主，兼及军事战略。分为上略、中略、下略。上略设礼赏、别奸雄、著成败；中略差德行、审权变；下略陈道德、察安危、明贼贤之咎。该书问世以来，受到历代政治家、兵家和学者的重视。南宋晁公武称其："论用兵机之妙、严明之决，军可以死易生，国可以存易亡。"该书还先后传入日本和朝鲜，并产生了相当大的影响。

　　《三略》也叫《黄石公三略》，传说是汉初黄石公（又称圯上老人）所著，传授给张良的。《史记·留侯世家》有"张良尝闲步游下邳，有一老父……出一编书曰：'读此书则为王者师……'且视其书，乃《太公兵法》也"的记载。但据《汉书·艺文志》说："汉兴，张良、韩信序次（整理）兵法，几百八十二家，删取要用，定著三十五家。……至于孝成（汉成帝）命任宏论次兵书为四种（兵权谋、兵形势、兵阴阳、兵技巧）。"班固、班昭根据这些写成

《汉书·艺文志·兵家》，其中并无《三略》一书著录。查《汉书》成书于东汉和帝（89—105）年间。可见在东汉中叶以前并没有《三略》这个书名。东汉末年建安年间，陈琳（？—217）在《武军赋》中始提到"……三略六韬之术"。魏明帝时，李康《运命论》始有"张良受黄石公之符，诵《三略》"之说。东晋末年（400—417），李暠为西凉公，征刘昞为儒林祭酒从事郎中，刘昞曾注《黄石公三略》流行于世（见《北史》三十四卷，魏书五十二卷）。《隋书·经籍志》始著录《黄石公三略》三卷，题下邳神人撰。书中自称"《三略》为衰世作"（见《下略》）。因此《三略》的成书时间大约在东汉末年至魏、晋时期。《三略》一书杂采儒家的仁、义、礼；法家的权、术、势；墨家的尚贤；道家的重柔；甚至还有谶讳之说。全书讲政治策略手段较多，而直接讲军事的反而较少。

　　此次出版，将《六韬》《三略》合为一册，一方面是两书有"同源"的说法，另一方面二者在内容上确有相得益彰之处。本书含原文与译文两部分内容，原文系以《续古逸丛书》影印《宋刻武经七书》本为底本，底本中的衍漏错讹文字据其他版本径直改正。译文以直译为主，间或辅以意译。针对原文中的生疏、偏僻、通假等重点字词配有注音及注释，以帮助读者深刻理解原文的主要内容和作者意图，进一步了解各兵法策略与智谋技巧。

六　韬

目录

2

三　略

六 韜

卷一　文韬

太公曰："源深而水流，水流而鱼生之，情也。根深而木长，木长而实生之，情也。君子情同而亲合，亲合而事生之，情也。言语应对者，情之饰也；言至情者，事之极也。今臣言至情不讳，君其恶之乎?"

文 师 第 一

【注释】

①田：通"畋"，打猎。

②渭阳：渭水北岸。渭水，在今陕西。阳，山的南面，水的北面。

③彨：通"螭"，传说中一种没有角的龙。

④黑：熊的一种，也叫马熊或人熊。

⑤兆：预兆，征兆。

⑥遗：给予，赠送。

⑦皋陶：传说东夷族的领袖，曾在舜帝时掌管刑狱，禹帝时做辅臣。

⑧卒：通"猝"。突然。

⑨劳：慰问，慰劳。

⑩殆：大概，恐怕。

【原文】

文王将田①，史编布卜曰："田于渭阳②，将大得焉。非龙、非彨③、非虎、非黑④，兆得公侯⑤。天遗汝师⑥，以之佐昌，施及三王。"

文王曰："兆致是乎？"

史编曰："编之太祖史畴为禹占，得皋陶⑦，兆比于此。"

文王乃斋三日，乘田车，驾田马，田于渭阳，卒见太公⑧，坐茅以渔。

文王劳而问之曰⑨："子乐渔邪？"

太公曰："臣闻君子乐得其志，小人乐得其事。今吾渔，甚有似也，殆非乐之也⑩。"

文王曰："何谓其有似也？"

太公曰："钓有三权：禄等以权，死等以权，官等以权。夫钓以求得也，其情深，可以观大矣。"

文王曰："愿闻其情。"

太公曰："源深而水流，水流而鱼生之，情也。根深而木长，木长而实生之，情也。君子情同而亲合，亲合而事生之，情也。言语应对者，情之饰也；言至情者，事之极也。今臣言至情不讳，君其恶之乎？"

【译文】

文王将要去打猎，一个名叫编的史官为他占卜后说："您在渭水北岸打猎，将会有重大收获。这次获得的不是龙，不是彨，不是虎，也不是熊，卦相预兆将会得到一位公侯。他是上天恩赐给您的老师，有了他的辅佐，您的大业将日益昌盛，并将惠及您的子孙后代。"

文王说："卦相预兆真的是这样吗？"

史编回答说："我的祖上史官畴曾经为禹占卜，预兆禹得到皋陶。这次卦相预兆和那次类似。"

于是文王斋戒了三天，第四天坐着打猎的车，驾着打猎的马，在渭水北岸打猎。在渭水边，突然看见太公，他正坐在茅草上钓鱼。

文王上前向太公致以慰劳之意，问道："您喜欢钓鱼吗？"

太公回答说："我听说君子乐意实现自己的志向，普通人喜欢于做好平常的事情。现在我在这里钓鱼，与这很相似，恐怕也称不上喜欢钓鱼。"

文王说："如何说与这很相似呢？"

太公说："世间的事情就像用鱼饵钓鱼，有三种权术：用厚禄招买贤能之人，等于用鱼饵钓鱼；用钱财招买效死之士，等于用鱼饵钓鱼；用官位招买尽忠之才，也等于用鱼饵钓鱼。钓鱼就是为了得到鱼，其中的情理精微，能够从中体悟到大道理。"

文王说："我希望听听这其中精微的情理。"

太公说："源头水深，水就流动，水流动，鱼就能在里面生存，这是自然的道理。树根扎得深，树干和枝叶旺盛，树干和枝叶旺盛，果实就能长成，这是自然的道理。君子之间情意投合就能亲密合作，亲密合作就能共同缔造伟大事业，这也是自然的道理。言谈应答，通常是用来表达感情的。能说真情实话，是最好的事情。今天我表达真情说实在话，不加隐讳，您会反感吗？"

【原文】

文王曰："唯仁人能受正谏，不恶至情，何为其然？"

太公曰："缗微饵明^①，小鱼食之；缗调饵香，中鱼食之；缗隆饵丰，大鱼食之。夫鱼食其饵，乃牵于缗；人食其禄，乃服于君。故以饵取鱼，鱼可杀；以禄取人，人可竭；以家取国，国可

【注释】

①缗(mín)：钓鱼的绳子。明：明显。

②拔：攻取。

③曼曼：同"漫漫"，指幅

拔②；以国取天下，天下可毕。"

"呜呼！曼曼绵绵③，其聚必散；嘿嘿昧昧，其光必远。微哉！圣人之德，诱乎独见。乐哉！圣人之虑，各归其次④，而树敛焉。"

文王曰："树敛何若而天下归之？"

太公曰："天下非一人之天下，乃天下之天下也。同天下之利者，则得天下；擅天下之利者，则失天下。天有时，地有财，能与人共之者，仁也；仁之所在，天下归之。免人之死，解人之难，救人之患，济人之急者，德也；德之所在，天下归之。与人同忧、同乐、同好、同恶者，义也；义之所在，天下赴之。凡人恶死而乐生，好德而归利，能生利者，道也；道之所在，天下归之。"

文王再拜曰："允哉⑤，敢不受天之诏命乎⑥！"乃载与俱归，立为师。

【译文】

文王说："只有仁德的人才能接受直言不讳的劝谏，才能不厌恶真情实话，我怎么会反感呢？"

太公说："钓绳细微，鱼饵明显，小鱼就会来吃；钓绳稍粗，鱼饵味香，中鱼就会来吃；钓绳粗长，鱼饵丰盛，大鱼就会来吃。鱼吞吃掉鱼饵，就被钓绳牵住了；人们接受君主的俸禄，就服从君主了。因此用鱼饵钓鱼，鱼便可供烹食；用爵位和俸禄招买人才，人才就会竭力做事；以家族来夺取国家，国家就能被家族占有；以国家来夺取天下，天下就都来归服。"

"唉！土地幅员广大，国祚绵延久长，但如不得人心，聚集起来最后也必然消散；使用韬略暗自准备，他必然能够展翅千里。精微啊！圣人的德行，能够以独到的方法来招引人才。让人兴奋啊！圣人的心思，能够使人才各得其所，孕育出凝聚天下英才的方法。"

文王问道："该怎么办才能使天下归心呢？"

太公回答说："天下不是一个人的天下，而是天下人所共有的天下。能同天下人共同享有天下利益的，就能够得到天下；而独占天下利益的，就会失去天下。天有四时，地有财富，能和人们共同享有的，就是仁爱。广施仁爱的人，天下百姓就会归附他。避免人们不必要的死亡，解除人们遇到的困难，解救人们的灾患，救济人们的危急，就是德行。拥有德行的人，天下百姓就会归附他。和人们同忧同乐、同好同恶的，就是道义。遵守道义的人，天下百姓就会归附他。人们都厌恶死亡而希望活着，喜好德行而追求利益，能为天下百姓谋利的，就是王道。奉行王道的人，天下百姓就会归附他。"

文王又拜谢说："确实是这样啊！我怎么敢不接受天意！"于是，文王就把太公请上了自己打猎的车，一起回去，并尊他为老师。

盈 虚 第 二

【原文】

文王问太公曰："天下熙熙①，一盈一虚，一治一乱，所以然者，何也？其君贤不肖不等乎②？其天时变化自然乎？"

太公曰："君不肖，则国危而民乱；君贤圣，则国安而民治。祸福在君，不在天时。"

文王曰："古之贤君可得闻乎？"

太公曰："昔者帝尧之王天下，上世所谓贤君也。"

文王曰："其治如何？"

太公曰："帝尧王天下之时，金银珠玉不饰，锦绣文绮不衣，奇怪珍异不视，玩好之器不宝，淫佚之乐不听，宫垣屋室不垩③，甍、桷、椽、楹不斫④，茅茨偏庭不剪。鹿裘御寒，布衣掩形，粝粮之饭⑤，藜藿之羹⑥。不以役作之故，害民耕绩之时。削心约志，从事乎无为。吏忠正奉法者尊其位，廉洁爱人者厚其禄，民有孝慈者爱敬之，尽力农桑者慰勉之。旌别淑德，表其门闾。平心正节，以法度禁邪伪。所憎者，有功必赏；所爱者，有罪必罚。存养天下鳏寡孤独⑦，振赡祸亡之家。其自奉也甚薄，其赋役也甚寡，故万民富乐而无饥寒之色。百姓戴其君如日月，亲其君如父母。"

文王曰："大哉！贤君之德也！"

【译文】

文王问太公说："天下纷纷扰扰，充盈之后又会虚弱，治理得井然有序之后又会混乱起来，之所以这样，是为什么呢？是因为君主有贤明与不肖的区别？还是因为所遇到的天时和自然变化结果不同呢？"

太公回答说："君主不贤明，国家就会陷于危亡，百姓就会

【注释】

① 熙熙：纷乱的样子。

② 不肖：不贤，与贤相对。

③ 垩：白色土，可以用来粉饰墙壁。

④ 甍、桷、椽、楹：甍，屋脊。桷，方形的椽木。椽，圆形的椽木。楹，位于厅堂前部的柱子。斫：砍，削。

⑤ 粝粮：粗粮。

⑥ 藜藿：豆子的叶。

⑦ 鳏寡孤独：指失怙无恃的人。老而无妻曰鳏，老而无夫曰寡，幼而无父曰孤，老而无子曰独。

开始作乱；君主贤明，国家就会安定，百姓就会安居乐业。国家
和百姓的祸福取决于君主的贤明与否，不取决于天时和变化。"

文王问："能给我讲讲上古时代贤明君主的功绩吗？"

太公说："从前帝尧治理天下的时候，上古百姓都称他是
贤君。"

文王问："他是怎样治理国家的？"

太公说："帝尧治理天下时，不装饰金银珠玉，不穿锦绣华
丽的衣服，不观赏奇异珍玩，不珍视玩好器物，不听淫乱的音
乐，不粉饰宫墙房室，不雕饰薨楣椽楹，不修剪庭院里的花草。
穿着鹿皮来御寒，穿布衣来遮体，吃粗杂粮，喝野菜汤，不因劳
役的缘故妨害耕作纺织的农时。抑制欲望，清静无为地治理天
下。对那些忠诚守法的官吏让他们处在尊贵的地位，廉洁爱人的
官吏就给他们丰厚的俸禄，对孝顺慈爱的百姓就敬重他们，尽力
耕作的就慰问他们，区分良善和丑恶，对善良的人给以公开的表
彰，树立榜样统一人们的思想，端正人们行为，用法度来禁止邪
恶欺诈的行为。即使是自己憎恶的人，只要立功也必定奖赏；即
使是自己所喜欢的人，只要有罪也必定惩罚。给养鳏寡孤独的
人，接济发生灾祸的家庭。而自己的生活很节俭，赋税和徭役都
很少。所以天下百姓都富有快乐，没有饥饿苦寒的神色，他们爱
戴他们的君王就像日月一样，感觉他们的君王就像父母一样亲。

文王感叹地说："多么伟大啊！帝尧的德行。"

国务第三

①大务：大事，要事。

②台榭：台，高而且平的建筑；榭，建筑在台上的高大房屋。

【原文】

文王问太公曰："愿闻为国之大务①，欲使主尊人安，为之奈何？"

太公曰："爱民而已！"

文王曰："爱民奈何？"

太公曰："利而勿害，成而勿败，生而勿杀，与而勿夺，乐而勿苦，喜而勿怒。"

文王曰："敢请释其故。"

太公曰："民不失务，则利之；农不失时，则成之；省刑罚，则生之；薄赋敛，则与之；俭宫室台榭②，则乐之；吏清不苛扰，则喜之。民失其务，则害之；农失其时，则败之；无罪而罚，则杀之；重赋敛，则夺之；多营宫室台榭以疲民力，则苦之；吏浊苛扰，则怒之。故善为国者，驭民如父母之爱子，如兄之爱弟。见其饥寒，则为之忧；见其劳苦，则为之悲；赏罚如加于身，赋敛如取己物。此爱民之道也。"

【译文】

文王问太公说："希望能听听治理国家的关键，要想国君尊贵、百姓安定，该怎么做呢？"

太公回答说："爱护百姓就行了。"

文王问道："怎么做才算爱民呢？"

太公说："要使民众获得利益而不要损害他们，使民众取得好收成而不要耽误他们的农时，让民众好好生存而不要杀害他们，给予民众实惠而不要掠夺他们，让民众愉快地生活而不要给他们带来痛苦，让民众高兴而不要让他们愤怒。"

文王说："请解释一下这样做的缘故。"

　　太公说："民众不失去养家糊口的事务，就对他们有利；农事不失去农时，就会让他们有好的收成；减少刑罚，就会让民众好好地生活；减少赋税，就是给予民众；不建造那么多宫室楼台，就会让民众得到安乐；官吏廉洁不严苛盘剥，就会让民众高兴。反之，如果民众失去养家糊口的事务，就是损害了民众的利益；如果农业违背了气节时令，就会遭到损害；惩罚没有罪的民众，就是杀害他们；加重赋税，就是抢夺他们；多建造宫室楼台使民力疲惫，就会让民众痛苦；官吏贪污严苛扰乱民众，就会让民众愤怒。所以善于治理国家的人，统驭民众就如同父母爱自己的孩子、兄长爱护弟妹一样，看到他们饥饿寒冷，就会为他们担忧；看到他们辛劳受苦，就会为他们感到悲伤；奖赏惩罚，就如同施加到自己的身上；缴纳赋税，就如同取走自己的财物一样。这就是爱民之道。"

大礼第四

【注释】

①唯:语气词,表示希望。后面的"唯沈""唯周""唯定"中的"唯"也是这个意思。

②则:效法。

③安徐:安详徐缓,意谓谨慎,不妄动。

④辐凑:车辐集中于车轴,这里是说凝聚天下人的智慧。

【原文】

文王问太公曰:"君臣之礼如何?"

太公曰:"为上唯临①,为下唯沈,临而无远,沈而无隐。为上唯周,为下唯定;周则天也②,定则地也。或天或地,大礼乃成。"

文王曰:"主位如何?"

太公曰:"安徐而静③,柔节先定;善与而不争,虚心平志,待物以正。"

文王曰:"主听如何?"

太公曰:"勿妄而许,勿逆而拒;许之则失守,拒之则闭塞。高山仰止,不可极也;深渊度之,不可测也。神明之德,正静其极。"

文王曰:"主明如何?"

太公曰:"目贵明,耳贵聪,心贵智。以天下之目视,则无不见也;以天下之耳听,则无不闻也;以天下之心虑,则无不知也。辐凑并进④,则明不蔽矣。"

【译文】

文王问太公说:"君臣之间的礼法应该是怎样的呢?"

太公回答说:"做君主的要能够了解下情,做臣民的要能够服从、敬上。了解下情就不会疏远臣民,服从、敬上就不会隐瞒民情。做君主的要能够做到广施恩泽,做臣民的要能够做到安分守职。广施恩泽,要像苍天那样覆盖万物;安分守职,要像大地那样稳重厚实。君主效法苍天,臣民效法大地,这样君臣之礼就可以圆满构成。"

文王问:"处于君主的地位,应该怎样做呢?"

太公说："应该安详稳重而且清静，柔和有节而内心安定，善于给予而不做无谓的争夺，虚心平意而能以公正之心对待事物。"

文王问："做君主的应该怎样倾听意见呢？"

太公说："不要轻率地赞许，也不要粗暴地拒绝；轻率赞许就容易失去自己的原则，粗暴拒绝就容易堵塞言路。君主要像高山，使人倾慕不已，不可穷极；要像深渊，使人莫测其深。神明的君主之德，公正和守静做到极致。"

文王问："君主观察事务情理应该怎样呢？"

太公说："眼光贵在明亮，耳朵贵在灵敏，心灵贵在智慧。用天下人的眼光来观察，就没有看不到的；用天下人的耳朵来倾听，就没有听不到的；用天下人的心来思虑，就没有不知道的。凝聚天下人的聪明才智，就能洞察天下，不被蒙蔽了。"

明 传 第 五

【注释】

①寝疾：生病卧床休养。

②社稷：古代天子与诸侯均设庙立坛，祭祀此二神，社稷遂被作为国家的象征。

③胜：胜过，压倒。

【原文】

文王寝疾①，召太公望，太子发在侧。曰："呜呼！天将弃予，周之社稷将以属汝②。今予欲师至道之言，以明传之子孙。"

太公曰："王何所问？"

文王曰："先圣之道，其所止，其所起，可得闻乎？"

太公曰："见善而怠，时至而疑，知非而处，此三者，道之所止也；柔而静，恭而敬，强而弱，忍而刚，此四者，道之所起也。故义胜欲则昌③，欲胜义则亡；敬胜怠则吉，怠胜敬则灭。"

【译文】

文王生病，躺在床上休养，召见太公望，太子发在一旁。文王叹息说："唉！上天将要抛弃我了，周的天下要托付给你了。今天我要请教至理之言，来当面传给子孙。"

太公问道："您想要问什么？"

文王说："先贤圣人的治国安民之道，所要废止的是什么，所要推行的又是什么？这其中的道理，您可以说给我听听吗？"

太公说："看到善事却怠慢，时机到了却疑惑，知道不对却去做，这三种情况是先圣治国之道中所要废止的。柔和而能守静，谦恭而能敬慎，强大而又自居弱小，坚忍而又刚强，这四点就是先圣治国之道中所要推行的。所以，道义战胜私欲，国家就会昌盛，私欲胜过道义，国家就会灭亡；敬慎胜过怠惰，国家就会祥和，怠惰战胜敬慎，国家就会灭亡。"

六守第六

【原文】

文王问太公曰："君国主民者，其所以失之者何也?"

太公曰："不慎所与也①。人君有六守、三宝。"

文王曰："六守何也?"

太公曰："一曰仁，二曰义，三曰忠，四曰信，五曰勇，六曰谋，是谓六守。"

文王曰："慎择六守者何?"

太公曰："富之而观其无犯，贵之而观其无骄，付之而观其无转，使之而观其无隐，危之而观其无恐，事之而观其无穷。富之而不犯者仁也，贵之而不骄者义也，付之而不转者忠也，使之而不隐者信也，危之而不恐者勇也，事之而不穷者谋也。人君无以三宝借人，借人则君失其威。"

文王曰："敢问三宝②?"

太公曰："大农、大工、大商③，谓之三宝。农一其乡，则谷足；工一其乡，则器足；商一其乡，则货足。三宝各安其处，民乃不虑。无乱其乡，无乱其族，臣无富于君，都无大于国④。六守长，则君昌；三宝完，则国安。"

【注释】

①与：给予，托付。

②敢：谦词，有冒昧的意思。

③大：这里表示重视发展农业、手工业、商业。

④都：大城邑。国：国都。

【译文】

文王问太公说："君主治理国家、管理民众，他之所以失去国家和民众的原因是什么呢?"

太公回答说："那是因为用人不慎重所造成的。做君主的应做到'六守'和'三宝'。"

文王问："'六守'指的是什么?"

太公说："一是仁爱，二是道义，三是忠诚，四是守信，五是勇敢，六是智谋。这就是所说的'六守'。"

文王问："怎样慎重选拔符合'六守'标准的人才呢？"

太公说："使他富裕，看他是否超越礼法；使他尊贵，看他是否骄傲自大；委以重任，看他是否能独自完成；让他处理问题，看他是否能不隐瞒；让他身处危难境地，看他是否不恐惧；让他解决突发事件，看他是否手足无措。富裕但不超越礼法的，是仁爱之人；尊贵但不骄傲自大的，是践行道义之人；身负重任能独立完成的，是忠诚之人；处理问题而能不隐瞒的，是守信之人；身处危难境地但不恐惧的，是勇敢之人；应对突发事件不手足无措的，是有智谋的人。君主不能把'三宝'转借给别的人，如果转借给别的人，君主就失去了自己的威严。"

文王问："那'三宝'指的是什么？"

太公说："大农、大工、大商，这就是所谓的'三宝'。对从事农业的统一组织管理进行生产，那么粮食就会充足；对从事手工业的统一组织管理进行生产，那么器具就会充足；对从事商业的统一组织管理进行商品流通，那么货物就会充足。让这三大行业各安其业，民众就不会再花心思变乱。不扰乱乡里，也不扰乱家族。使臣民富裕不超过国君，城邑之大不超过国都。具备'六守'标准的人才得到任用，国君的大业就繁荣昌盛；'三宝'得到发展完善，国家就会安定。

守土第七

【原文】

文王问太公曰："守土奈何?"

太公曰："无疏其亲，无怠其众，抚其左右，御其四旁。无借人国柄①，借人国柄，则失其权。无掘壑而附丘，无舍本而治末。

"日中必彗，操刀必割，执斧必伐。日中不彗②，是谓失时；操刀不割，失利之期；执斧不伐，贼人将来。涓涓不塞，将为江河；荧荧不救，炎炎奈何；两叶不去，将用斧柯。

"是故人君必从事于富。不富无以为仁，不施无以合亲。疏其亲则害，失其众则败。无借人利器③，借人利器，则为人所害，而不终其正也。"

文王曰："何谓仁义?"

太公曰："敬其众，合其亲。敬其众则和，合其亲则喜，是谓仁义之纪④。无使人夺汝威。因其明，顺其常。顺者任之以德，逆者绝之以力⑤。敬之无疑，天下和服。"

【注释】

① 国柄：国家政权。

② 彗：曝晒。

③ 利器：锋利的武器，这里引申为国家权力。

④ 纪：纲纪，基本原则、准则。

⑤ 绝之以力：谓动用武力加以灭绝。

【译文】

文王问太公说："怎样守护国土呢?"

太公说："不要疏远亲族，也不要怠慢百姓，安抚左右的邻国，加强周边的防御。不要把政权委托给别人，委托给别人就会失去权威。如同不挖掘沟壑而堆积山丘一样，不要舍弃根本来治理末梢。太阳到了正午就要趁着时机曝晒，手里拿着刀就要抓紧时间宰割，拿起兵器就要抓住战机征伐。太阳正午的时候不曝晒，这就失去了阳光强烈的时机；手里拿刀不宰割，就失去了效率；拿起了武器不征伐，敌人就会入侵。涓涓细流不阻塞，将会会聚成江河；发现荧荧的火星儿不把它扑灭，就会站在炎炎大火前无可奈何；细小的两片叶子不及时去掉，将来就要用斧头去砍伐它。因此国君必须致力于增加国家的财富，不增加财富就无法施行仁政，不施行仁政就无法使宗亲团结和睦。疏远了宗亲就要受害，失去了百姓的支持就要失败。不要把政权委托给别人，委托给别人就要被人加害，得不到善终。"

文王说："什么是仁义？"

太公说："尊重百姓，团结宗亲。尊重百姓就协调有力，团结宗亲就欢喜多助，这就是所谓的仁义的纲纪。不要让人来夺去你手中的权力，按照你自己洞察到的情况，并顺应通常的道理来处理事务。顺从的人用德化来任用，叛逆的人用武力来镇压。无所怀疑地遵循这些原则，天下百姓就会和谐顺从。"

守 国 第 八

【原文】

文王问太公曰："守国奈何？"

太公曰："斋。将语君天地之经，四时所生，仁圣之道，民机之情^①。"

王即斋七日，北面再拜而问之。

太公曰："天生四时，地生万物，天下有民，仁圣牧之^②。故春道生，万物荣；夏道长，万物成；秋道敛，万物盈；冬道藏，万物寻^③。盈则藏，藏则复起，莫知所终，莫知所始。圣人配之，以为天地经纪。

"故天下治，仁圣藏；天下乱，仁圣昌。至道其然也。

"圣人之在天地间也，其宝固大矣^④。因其常而视之则民安。夫民动而为机，机动而得失争矣。故发之以其阴，会之以其阳，为之先唱，天下和之。极反其常，莫进而争，莫退而让。守国如此，与天地同光。"

【注释】

①机：通"几"，事情的苗头和预兆。

②牧：古代社会统治阶级称统治人民。可译为治理，管理。

③寻：应作"静"。隐藏起来不动。

④宝：宝贵之物，此处指圣人的地位与作用。

【译文】

文王问太公说："怎样才能保卫国家呢？"

太公说："您须先斋戒，然后我将要告诉您天地运动变化的规律，四季万物生长的缘由，仁人圣贤的治国之道，民众心理变化的情况。"

文王于是就斋戒了七天，执弟子礼面朝北方又拜了太公，向他求教。

太公说："天有四时，地生万物。天下万民生息，仁人圣贤治理他们。所以春天的特征是萌生，各种生物都充满了生机；夏天的特征是生长，各种生物都长成；秋天的特征是收获，各种生物都果实累累；冬天的特征是收藏，各种生物都潜藏起来。饱满充足了就收藏，收藏了就可以再次萌生，就这样周而复始，四季交替，无始无终。圣人效法这一自然规律，把它作为治理国家的普遍原则。所以，天下治理好了，仁人圣贤就隐藏不露；天下混乱时，仁人圣贤就兴起显现，建功立业。这是必然如此的规律。

　　"圣人立于天地之间，他们所起的作用是重大的。他遵循规律来治理，民众就安定。民众心理不安定是天下混乱的征兆，征兆出现并继续发展必然发生权力得失的争夺。所以圣贤就暗中积聚力量，待到时机成熟了就公开征讨。率先倡导除暴安良，天下民众就必然群起响应他。待到天下恢复正常，不要进而争功，也不要退却辞让。这样来保卫国家，就能和天地同光而共存。"

上 贤 第 九

【原文】

文王问太公曰："王人者，何上，何下？何取，何去？何禁，何止？"

太公曰："王人者，上贤，下不肖；取诚信，去诈伪；禁暴乱，止奢侈。故王人者，有'六贼''七害①'。"

文王曰："愿闻其道。"

太公曰："夫'六贼'者：一曰，臣有大作宫室池树，游观倡乐者，伤王之德；二曰，民有不事农桑，任气游侠②，犯历法禁，不从吏教者，伤王之化；三曰，臣有结朋党，蔽贤智，障主明者，伤王之权；四曰，士有抗志高节，以为气势，外交诸侯，不重其主者，伤王之威；五曰，臣有轻爵位，贱有司③，羞为上犯难者，伤功臣之劳；六曰，强宗侵夺，陵侮贫弱者，伤庶人之业。

"七害者：一曰，无智略权谋，而以重赏尊爵之故，强勇轻战，侥幸于外，王者慎勿使为将；二曰，有名无实，出入异言，掩善扬恶，进退为巧，王者慎勿与谋；三曰，朴其身躬，恶其衣服，语无为以求名，言无欲以求利，此伪人也，王者慎勿近；四曰，奇其冠带④，伟其衣服，博闻辩辞，虚论高议，以为容美，穷居静处，而诽时俗，此奸人也，王者慎勿宠；五曰，谗佞苟得，以求官爵；果敢轻死，以贪禄秩；不图大事，得利而动，以高谈虚论，说于人主，王者慎勿使；六曰，为雕文刻镂，技巧华饰，而伤农事，王者必禁之；七曰，伪方异伎⑤，巫蛊左道⑥，不祥之言，幻惑良民，王者必止之。

"故民不尽力，非吾民也；士不诚信，非吾士也；臣不忠谏，非吾臣也；吏不平洁爱人，非吾吏也；相不能富国强兵，调和阴阳⑦，以安万乘之主，正群臣，定名实，明赏罚，乐万民，非吾

【注释】

①贼：这里也是"害"的意思。

②任气：意气用事。

③贱：鄙视，轻视。

④冠带：戴帽子。

⑤伪方异伎：欺骗人的方法技巧。伎，通"技"。

⑥巫蛊：巫术。

⑦调和阴阳：此处喻指妥善处理各种矛盾。

⑧审听：仔细地听。

相也。

"夫王者之道如龙首，高居而远望，深视而审听^⑧，示其形，隐其情，若天之高不可极也，若渊之深不可测也。故可怒而不怒，奸臣乃作；可杀而不杀，大贼乃发。兵势不行，敌国乃强。"

文王曰："善哉！"

[译文]

文王问太公说："对君主而言，应该推崇什么样的人，不用什么样的人，任用什么样的人，辞掉什么样的人？又该禁绝什么样的事情，遏止什么样的事情？"

太公说："作为君主，应该推崇贤能的人，抛却不肖的人；任用忠诚守信的人，辞掉奸诈虚伪的人；禁绝暴乱的事情，遏止奢侈的风气。所以对君主来说，应当警惕六贼、七害。"

文王说："愿听听这些道理。"

太公说："所谓六贼就是：一是，臣子中有大肆建造宫室池塘楼阁，用来游玩观赏的，损害君主的德化。二是，民众有不从事农业耕作，任意使气，爱好游侠，违犯法令，不服从官吏的管教，损害君主的教化。三是，臣子拉帮结派，排挤贤能、智慧的人，阻碍君主了解情况的，损害君主的权力。四是，士人有心高气傲，故作声势，结交外面的诸侯，不尊重君主的，损害君主的权威。五是，臣子中有轻视爵位，看不起上级官员，以替上级尽力犯难为羞耻的，损害功臣的功劳。六是，势力强大的宗族互相争夺，欺凌侮辱贫弱的，损害民众的事业。

"所谓的七害：一是，没有智慧谋略，为了获取重赏和爵位，自恃强大勇敢，轻率地出战，希望侥幸获取胜利的人。对这种人，君主要慎重，不要任用他们为将领。二是，有名无实，言行不一，抑人之善，扬人之恶，到处投机取巧，对这种人，君主要慎重，不要和他一起谋划大事。三是，外表穿戴朴素，衣服破旧，嘴上说的是无为，却借此来求取名声，嘴上说的是无欲，却借此来求得利益。这种人是虚伪的人，君主要慎重，不要亲近他们。四是，戴奇异帽子，衣服华美，见识广博，擅长辩说，高谈空论，把这当做荣耀，居住在穷乡僻壤，但常常非议时事。这类人是奸诈的人，君主要慎重，不要宠信他们。五是，谗言谄媚，玩尽花样，来求取官爵，胆大妄为，不惜付出生命的代价，来贪图钱财；不做大事，凡事能得到利益才去做，用高谈空论来取悦君主。对这种人，君主要慎重，不要任用他们。六是，做雕文刻镂、技巧华饰的事情，来伤害农时的，君主必须严加禁止。七是，用虚假的方术、奇异的技巧、巫蛊淫巧、旁门左道和不吉利的言论，来迷惑善良的民众，君主必须坚决遏止。

"所以不尽力从事农业、手工业生产和商业流通的民众，不是好民众；不诚实守信的士人，不是好士人；不忠诚进谏的臣子，不是好臣子；不公平廉洁仁爱的官吏，不是好官吏；宰相不能富国强兵，调和矛盾，来使君主的地位稳固，群臣百官廉洁奉公，明确赏罚标准，使民众安居乐业，就不是好宰相。

"所以做君王的，就像隐而不现的群龙之首，高瞻远瞩，观察问题深刻，听取意见审慎，表情庄重，隐藏真情，就像高空不可超越，又像大海深不可测。因此，应该愤怒的不愤怒，奸臣就会作乱；应该杀的不杀，大乱就会发生；应该用兵不用兵，敌国就会强大起来。"

文王说："讲得真好啊！"

举 贤 第 十

【注释】

①务：致力于。

②党：党羽，集团。在古代一般只用于贬义。

③比周：结党营私。

④按名督实：指就其名而求其实，考察是否名实相符。

【原文】

文王问太公曰："君务举贤而不获其功①，世乱愈甚，以致危亡者，何也？"

太公曰："举贤而不用，是有举贤之名，而无用贤之实也。"

文王曰："其失安在？"

太公曰："其失在君好用世俗之所誉，而不得真贤也。"

文王曰："何如？"

太公曰："君以世俗之所誉者为贤，以世俗之所毁者为不肖，则多党者进②，少党者退。若是，则群邪比周而蔽贤③，忠臣死于无罪，奸臣以虚誉取爵位，是以世乱愈甚，则国不免于危亡。"

文王曰："举贤奈何？"

太公曰："将相分职，而各以官名举人，按名督实④。选才考能，令实当其名，名当其实，则得举贤之道也。"

[译文]

文王问太公说："君主致力于举荐贤能，但收不到应有的功效，社会动乱越演越烈，导致国家陷于危亡，这是为什么呢？"

太公说："举荐出贤能而不加以任用，这是徒有举荐贤能之名，但无任用贤能之实。"

文王说："造成这种失误的原因在哪里？"

太公说："失误在于君主喜欢任用世俗所认为的所谓的贤能之人，而没有得到真正的贤能之人。"

文王说："为什么这么说？"

太公说："君主认为世俗所称道的人就是贤能之人，认为世俗所非议的人就是不肖之人，那么党羽多的人被任用，党羽少的人就不被任用。如果这样，那么大批奸邪的人结党营私，排挤遮挡了真正的贤能之人，忠臣没有罪过却被置于死地，奸臣凭借虚名来获得爵位，因此社会动乱越演越烈，而国家也就不可避免地陷于危亡了。"

文王说："该怎样举荐贤能呢？"

太公说："要做到将相职务分开，按照职位来举荐贤能，确定不同职位的职责标准督核其实际工作业绩。选拔各类人才，考核其能力，使其才德条件和职位相当，职位和所需才德相当，这样就符合举荐贤能的基本要领了。"

赏罚第十一

【注释】

① 劝：勉励，激励。

② 阴化：潜移默化。

③ 神明：神祇、神灵。

【原文】

文王问太公曰："赏所以存劝①，罚所以示惩，吾欲赏一以劝百，罚一以惩众，为之奈何？"

太公曰："凡用赏者贵信，用罚者贵必。赏信罚必，于耳目之所闻见，则所不闻见者莫不阴化矣②。夫诚，畅于天地，通于神明③，而况于人乎？"

【译文】

文王问太公说："奖赏用来激励，刑罚用来惩戒。我想要通过奖赏一个人来激励多数人，惩罚一个人来惩戒多数人，该怎么做呢？"

太公说："大凡实行奖赏重要的是要信守承诺，实行惩罚重要的是要严格执行。奖赏信守承诺，惩罚严格执行，要让人们都亲眼看到、亲耳听到，就是不亲眼看到亲耳听到，也都会因此而潜移默化了。这种诚信，能够畅行于天地之间，上通于神明，更何况是对人呢？"

兵道第十二

[原文]

武王问太公曰："兵道如何？"

太公曰："凡兵之道莫过乎一①。一者，能独往独来。黄帝曰：'一者阶于道②，几于神③。'用之在于机，显之在于势，成之在于君。故圣王号兵为凶器，不得已而用之。

"今商王知存而不知亡④，知乐而不知殃。夫存者非存，在于虑亡；乐者非乐，在于虑殃。今王已虑其源，岂忧其流乎？"

武王曰："两军相遇，彼不可来，此不可往，各设固备，未敢先发，我欲袭之，不得其利，为之奈何？"

太公曰："外乱而内整，示饥而实饱，内精而外钝。一合一离，一聚一散，阴其谋，密其机，高其垒，伏其锐士，寂若无声，敌不知我所备。欲其西，袭其东。"

武王曰："敌知我情，通我谋，为之奈何？"

太公曰："兵胜之术，密察敌人之机而速乘其利，复疾击其不意。"

[注释]

①一：这里指军队的统一指挥。

②阶：阶梯，引申为通向。

③几：接近。

④商王：此处指殷商王朝的末代君主纣王（帝辛）。

[译文]

武王问太公说："战争的规律是什么？"

太公说："大凡战争的规律，没有什么比统一指挥更重要。指挥统一，军队就能自由往来，所向披靡。黄帝说过：'统一指挥从根本上来说符合用兵规律，几乎能够达到出神入化的境界。'运用它的关键在于掌握时机，体现它的关键在于根据当时当地的形势，成功的关键在于君主。所以古代的圣王把战争看做凶器，是在不得已的情况下才使用的。

"现在，商纣王只知道国家存在，但不知道将要灭亡。只知道享乐，但不知道就要遭受祸殃。国家能否长存，不在于眼前存在的事实，而在于居安思危；君主能否享乐，不在于眼前享乐本身，而在于乐不忘忧。现在您已经考虑到安危存亡这一根本问题，难道还忧虑其他细枝末节吗？”

武王说：“两支军队相遇，敌方不能打过来，我方不能打过去，各自设立坚固的防备，都不敢先发起进攻。在这种情况下，我如果想要率先进攻敌方，得不到有利的条件，该怎么做呢？”

太公说：“表面上混乱而实际上严整，佯装士兵吃不饱但实际上士兵吃得很饱，看似兵力衰弱而实际上兵力精良。使军队时而集合时而分离，时而聚集时而散开。要隐藏谋略，保守机密，高筑营垒，埋伏精兵。士卒行动要隐若无形，寂然无声，从而使敌方不知道我方的准备。想要袭击敌方的西面，佯装进攻它的东面。”

武王说：“如果敌方知道了我方情况，知道了我方的计谋，那又该怎么办呢？”

太公说：“取得战争胜利的方法，关键在于周密地察明敌情，把握住有利的战机，给它以出其不意的打击。”

卷二 武韬

若同舟而济，济则皆同其利，败则皆同其害。然则皆有启之，无有闭之也。无取于民者，取民者也；无取于国者，取国者也；无取于天下者，取天下者也。无取民者，民利之；无取国者，国利之；无取天下者，天下利之。故道在不可见，事在不可闻，胜在不可知。微哉！微哉！

发启第十三

①酆：文王时建立的西周国都。

②尚：副词，表示祈求。

③全胜不斗：全面的胜利不实际交战。

④冲机：古代一种冲击城门和城墙的攻城战车。

⑤卑：低。

⑥弭：顺从，服从。

⑦纷纷渺渺：一片混乱的样子。

⑧草菅(jiān)：野草。

⑨大明：指太阳和月亮。

【原文】

文王在酆召太公曰①："呜呼！商王虐极，罪杀不辜，公尚助予忧民②，如何？"

太公曰："王其修德以下贤，惠民以观天道。天道无殃，不可先倡；人道无灾，不可先谋。必见天殃，又见人灾，乃可以谋；必见其阳，又见其阴，乃知其心；必见其外，又见其内，乃知其意；必见其疏，又见其亲，乃知其情。

"行其道，道可致也；从其门，门可入也；立其礼，礼可成也；争其强，强可胜也。

"全胜不斗③，大兵无创，与鬼神通。微哉！微哉！

"与人同病相救，同情相成，同恶相助，同好相趋。故无甲兵而胜，无冲机而攻④，无沟堑而守。

"大智不智，大谋不谋，大勇不勇，大利不利。利天下者，天下启之；害天下者，天下闭之。天下者非一人之天下，乃天下人之天下也。取天下者，若逐野兽，而天下皆有分肉之心；若同舟而济，济则皆同其利，败则皆同其害。然则皆有启之，无有闭之也。

"无取于民者，取民者也；无取于国者，取国者也；无取于天下者，取天下者也。无取民者，民利之；无取国者，国利之；无取天下者，天下利之。故道在不可见，事在不可闻，胜在不可知。微哉！微哉！

"鸷鸟将击，卑飞敛翼⑤；猛兽将搏，弭耳俯伏⑥；圣人将动，必有愚色。

"今彼殷商，众口相惑，纷纷渺渺⑦，好色无极，此亡国之征也。吾观其野，草菅胜谷⑧；吾观其众，邪曲胜直；吾观其吏，暴虐残贼，败法乱刑，上下不觉，此亡国之时也。

　　"大明发而万物皆照^⑨，大义发而万物皆利，大兵发而万物皆服。大哉圣人之德！独闻独见，乐哉！"

【译文】

　　文王在酆邑召见太公说："唉！商纣王暴虐至极，任意杀戮无辜之人。您来辅助我拯救天下苍生，该怎么做呢？"

　　太公说："君主应修养德行，礼贤下士，给百姓以恩惠，并观察天道的吉凶。当天道没有出现祸殃征兆时，还不能率先倡导征讨；当人道没有出现灾难征兆时，还不能率先谋划兴师。必须等到天道出现灾殃征兆，人道出现祸乱征兆，才可以谋划兴师征讨。必须看到他的公开活动，又看到他私下里的做法，才可以了解他的想法。必须看到他的外在表现，又看到他的内心所想，才可以了解他的真实意图。必须看到他所疏远的人，又看到他所亲近的人，才可以了解他的真实情感。

　　"遵循天道，天道就能够实现；走正确的路线，目的就能够达到；以礼来治理，礼就能获得成功；努力使国家富强，就能够战胜强大的敌人。

　　"保全胜利而不作战，以强大的兵力保证没有伤亡，就做到了出神入化。实在微妙啊！微妙啊！

　　"能和别人有同样的疾病就会相互救治，有同样的感情就会相互成全，有同样的憎恶就会相互帮助，有同样的喜好就会共同追求。所以只要目标一致，就是没有盔甲和武器同样能够战胜，没有冲机同样能够攻破城池，没有沟堑同样能够进行防守。

　　"有大智慧的人看起来似乎没有智慧，有大智谋的人看起来似乎没有智谋，非常勇敢的人看起来似乎不勇敢，得到大利益的人看起来似乎没有得到大利益。为天下谋利益的人，天下的人就欢迎他；危害天下的人，天下的人就会反对他。天下不是一个人的天下，而是天下人所共同拥有的天下。取得天下的人，就像猎取野兽，天下的人都有分肉的想法。如果同舟共济，渡过河就都享有其中的利益，翻了船就都会受害。这样做的话，天下的人就都欢迎他，而没有反对他的了。

"表面上不从民众那里谋取利益，但可以从民众那里得到利益；表面上不从其他国家谋取利益，却能够从其他国家那里得到利益；表面上不从天下谋取利益，但能够从天下得到利益。不从民众那里谋利，那么民众就支持他；不从其他国家那里谋利，那么其他国家就会归附他；不从天下谋利，天下就会成全他。所以，这种方法妙在人们看不见，这种事情妙在人们听不到，这种胜利妙在人们无从了解。真是微妙啊！微妙啊！

"鸷鸟将要袭击，就会收敛翅膀飞得很低；猛兽将要搏斗，就会贴耳伏地；圣人将要有所行动，就会显出愚钝的样子。

"现在的殷商王朝，人们互相迷惑，社会上一片混乱，纣王荒淫无度，这是亡国的征兆。我观察殷商的田野，野草高过了庄稼；我观察殷商的民众，邪恶胜过了正直；我观察殷商的官吏，暴虐残忍，违法乱纪。而对于这些，朝廷上下都执迷不悟，这是它该亡国的时候了。

"太阳升起来，万物都沐浴在它的光辉中，大义兴起，万物都会受到裨益，大兵发动，万物都会归从。伟大啊！圣人的德化，独到的见解，快乐啊！"

文启第十四

【原文】

文王问太公曰："圣人何守？"

太公曰："何忧何啬①，万物皆得；何啬何忧，万物皆道②。政之所施，莫知其化；时之所在，莫知其移。圣人守此而万物化，何穷之有，终而复始！

"优之游之，展转求之；求而得之，不可不藏；既以藏之，不可不行；既以行之，勿复明之。夫天地不自明，故能长生；圣人不自明，故能名彰。

"古之圣人聚人而为家，聚家而为国，聚国而为天下，分封贤人以为万国，命之曰'大纪'。陈其政教，顺其民俗，群曲化直③，变于形容，万国不通，各乐其所，人爱其上，命之曰'大定'。呜呼！圣人务静之，贤人务正之。愚人不能正，故与人争。上劳则刑繁，刑繁则民忧，民忧则流亡。上下不安其生，累世不休，命之曰'大失'。

"天下之人如流水，障之则止，启之则行，静之则清。呜呼！神哉！圣人见其所始，则知其所终。"

文王曰："静之奈何？"

太公曰："天有常形，民有常生④，与天下共其生而天下静矣。太上因之，其次化之。夫民化而从政⑤，是以天无为而成事，民无与而自富，此圣人之德也。"

文王曰："公言乃协予怀，夙夜念之不忘，以用为常。"

【注释】

①啬：过于俭省，吝啬。

②道（qiú）：刚劲，有力。

③曲：邪僻、奸邪不正。

④常生：指最基本的经常性生计活动。

⑤从政：言服从政令，驯从于统治。

【译文】

文王问太公说："圣人如何来治理天下？"

太公说："不用忧虑什么，也不用抑制什么，万物就会各得其所；不抑制什么，也不忧虑什么，万物就会繁荣生长。施行政令，就要让民众在不知不觉中被感化；如同时间在不知不觉中自然向前推移。圣人遵循这一原则行事，则天下万物就会被潜移默化，没有穷尽，周而复始。

"悠闲清静，无为而治，圣贤必须反复探求；既已探求到了，就不可不潜藏心中；既然潜藏心中，就不可不实行；既然实行了，就不必把它再加以说明。天地并不说明自己的运行规律，万物自然就会遵循它的规律永远地生长下去；圣人并不说明探求到的规律，所以能够成就卓著的功业。

"古代的圣人，把人们聚集起来组成家族，聚集家族组成国家，聚集国家组成天下，分封贤能的人建立诸侯国，这一切可称为治理天下的纲纪。宣扬他的教化，顺应民俗，把邪曲的转化为正直的，改变他的形象。各国的习俗虽然不同，但如果能使民众安居乐业，人人都爱戴他的君主，这就叫做天下大定。唉！圣人致力于清静，贤能的人致力于公正。愚蠢的人不能正直，所以要与人争执。君主过于劳累就使刑罚苛繁，刑罚苛繁就使民众忧愁，民众忧愁就会流亡。上下都不得安定，一代代这样不停止，这种情况就称为政治大失。

"天下的人如同流动的水，阻塞就会停下来，放开就会继续流动，让他安定下来就会清澈。唉，真神奇啊！在这方面，圣人看到它的开始，就知道了它的结果。"

文王说："怎样使天下清静呢?"

太公说："天有固定的运行规律，民众也有一定的生活方式。君主能和天下民众共安生计，那么天下就自然清静无事。最高明的就是顺应民意，其次是教化民众。民众被教化就服从政令。所以，天道无为而生化万物，民众不需要给予就自己变得富有，这就是圣人施行的德治。"

文王说："您说的正合我意，我一定要日夜念念不忘，把它当做治理天下的根本原则。"

文伐第十五

【原文】

文王问太公曰："文伐之法奈何①？"

太公曰："凡文伐有十二节：一曰，因其所喜，以顺其志，彼将生骄，必有奸事，苟能因之，必能去之。二曰，亲其所爱，以分其威。一人两心②，其中必衰。廷无忠臣，社稷必危。三曰，阴赂左右③，得情甚深，身内情外，国将生害。四曰，辅其淫乐，以广其志。厚赂珠玉，娱以美人。卑辞委听，顺命而合。彼将不争，奸节乃定④。五曰，严其忠臣，而薄其赂。稽留其使，勿听其事。亟为置代⑤。遗以诚事，亲而信之。其君将复合之，苟能严之，国乃可谋。六曰，收其内，间其外，才臣外相，敌国内侵，国鲜不亡。七曰，欲锢其心，必厚赂之；收其左右忠爱，阴示以利；令之轻业，而蓄积空虚。八曰，赂以重宝，因与之谋；谋而利之，利之必信，是谓重亲。重亲之积，必为我用。有国而外，其地大败。九曰，尊之以名，无难其身；示以大势，从之必信，致其大尊；先为之荣，微饰圣人，国乃大偷。十曰，下之必信，以得其情；承意应事，如与同生；既以得之，乃微收之；时及将至，若天丧之。十一曰，塞之以道。人臣无不重贵与富，恶危与咎⑥。阴示大尊⑦，而微输重宝，收其豪杰。内积甚厚，而外为乏。阴纳智士，使图其计；纳勇士，使高其气。富贵甚足，而常有繁滋。徒党已具，是谓塞之。有国而塞，安能有国？十二曰，养其乱臣以迷之，进美女淫声以惑之⑧，遗良犬马以劳之，时与大势以诱之，上察而与天下图之。十二节备，乃成武事。所谓上察天，下察地，征已见，乃伐之。"

【注释】

①文伐：不使用武力打击敌人。

②两心：两种心思。

③阴：暗中，私下里。

④奸节：奸邪的行为。

⑤亟：迫切地需要。

⑥咎：罪过，过失。

⑦大尊：高官厚禄。

⑧淫声：指惑人心智的靡靡之音。

【译文】

文王问太公说："文伐的方法有哪些？"

　　太公说："大凡文伐的方法有十二种：一是，利用敌人的喜好，来顺从它的意愿，敌人就会滋生骄慢，必定要做奸邪的事情。如果再能因势利导，必然会打败敌军。二是，亲近敌国国君宠爱的臣子，来分化敌人的力量。被宠爱的臣子对敌国国君有了二心，忠诚之心必定衰弱。敌国朝廷里没有忠臣，国家必定面临危亡。三是，暗中贿赂敌国国君身边的臣子，加深与他们的友情。他们身在朝廷但心思在国外，那么敌国就必将发生祸害。四是，助长敌国国君荒淫享乐的思想，来扩张他极端的欲望，用丰厚的珠宝来贿赂他，用美女取悦他。言辞谦卑，曲意听从，顺从命令迎合他。这样，他就不再和我国争斗，而将放肆纵容发展自己的奸邪行为。五是，尊敬敌国的忠臣，用较少的财物来贿赂他。他出使我国时要挽留他，不答复他提出的问题，敌国就会再改派使者，再诚恳地给他讲明问题，亲近他来博得他的信任，敌国国君将再次提拔他。如果能够这样尊敬敌国忠臣，就能够离间敌国君臣之间的关系，从而可以巧妙地谋取敌国了。六是，收买敌国国君的内臣，离间他派驻外面的臣子，使敌国贤能的臣子辅佐外国，从而使敌国发生内讧。这样，敌国很少有不灭亡的。七是，要想稳固敌国国君对我国信任，必须用丰厚的财物来贿赂他，收买他身边宠爱的辅臣，暗中答应给他们利益，让他轻视发展各种事业，而使积蓄渐渐减少，国库空虚。八是，用贵重的财物来贿赂敌国国君，并和他一起谋划事情，谋划的事情对他有好处。他知道自己能得到好处，就必然相信我们，这就叫重亲。重亲积累多了，敌国必定会被我国利用。他拥有国家但被外国利用，他的国土必定会遭到侵占。九是，用显耀的名声来尊重敌国国君，不让他面对困难。让他感到自己势力强大，顺从他的意愿，他必定信任我们。使他身处尊位，首先感到荣耀，再恭维他如同圣人，这样他的国家就会遭到侵袭。十是，甘愿以卑下的身份来侍奉敌国国君，他必定信任我们，从而就能有机会了解敌国的实情。顺承他的意志，答应他要办的事情，就像兄弟一样亲密。获得信任和实情后，就能够微妙地操纵和利用。等到时机成熟，就会如同有上天相助一般消灭他。十一是，使用各种方法去闭塞敌国君主的视听。作为臣子，没有人不看重地位的尊贵和物质富有，而厌恶死亡和灾祸的。所以暗中许诺高官厚禄，并且秘密给他贵重的宝物，拉拢敌国的英雄豪杰。虽然国内积蓄非常丰厚，但要对敌国装做贫乏。暗中拉拢敌国的贤能之士，让他们来为我国图谋大事。拉拢敌国的勇敢之士，来提高我军的士气。使他们足够富贵，并经常增多其财富，敌国的贤能勇士都被我国拉拢过来，这就叫做闭塞敌国君主的视听。敌国君主虽然还统治着国家，但视听既已被闭塞，这种统治怎么还能维持呢？十二是，扶植敌国的奸臣，来迷乱敌国国君；进献美女和淫乐，来迷惑敌国国君的意志；赠送良犬骏马，来使敌国国君沉迷其中身心疲劳；经常给他讲形势大好，来诱使他忘记忧患。国君看到时机成熟就号召天下来夺取敌国。十二种方法使用之后，就能发动军队了。这就是所谓上察天，下观地，各种征兆显现，就可以发动军队讨伐了。"

顺启第十六

【注释】

①盖：遮蔽，掩盖。这里引申为"胜过、超过"。

②约：约束，束缚。

③怀：使……归附。

④贼：肆虐、毁坏的意思。

⑤彻：此处指顺应、顺从。

【原文】

文王问太公曰："何如而可以为天下？"

太公曰："大盖天下①，然后能容天下；信盖天下，然后能约天下②；仁盖天下，然后能怀天下③；恩盖天下，然后能保天下；权盖天下，然后能不失天下；事而不疑，则天运不能移，时变不能迁。此六者备，然后可以为天下政。

"故利天下者，天下启之；害天下者，天下闭之；生天下者，天下德之；杀天下者，天下贼之④；彻天下者⑤，天下通之；穷天下者，天下仇之；安天下者，天下恃之；危天下者，天下灾之。天下者非一人之天下，唯有道者处之。"

【译文】

文王问太公说："怎样才能治理好天下呢？"

太公说："胸怀涵盖天下，然后才能兼容天下；诚信遍及天下，然后才能约束天下；仁爱施行天下，然后才能安抚天下；恩惠遍及天下，然后才能保有天下；权威覆盖天下，然后才能不失去天下；遇事不犹豫不决，那么天道运行和时势变化都不会改变天下。这六个方面的条件都具备了，然后就可以治理天下了。

"所以，为天下人谋利的，天下人就都欢迎他；使天下人受祸害的，天下人就反对他；为天下人创造生长发展条件的，天下人就感激他的恩德；使天下人遭到杀戮的，天下人就仇视他的残暴；顺从天下人意愿的，天下人就支持他；使天下人陷于贫穷的，天下人就仇恨他；使天下人安居乐业的，天下人就依靠他；给天下人带来危害的，天下人就会把他看做灾星。所以说，天下不是哪一个人的天下，只有道德高尚的人，才能拥有治理天下的权力。"

文疑第十七

【原文】

武王问太公曰："予欲立功，有三疑：恐力不能攻强、离亲、散众^①，为之奈何？"

太公曰："因之^②，慎谋，用财。夫攻强，必养之使强，益之使张。太强必折，太张必缺。攻强以强，离亲以亲，散众以众。

"凡谋之道，周密为宝。设之以事，玩之以利，争心必起。

"欲离其亲，因其所爱，与其宠人，与之所欲，示之所利，因以疏之，无使得志。彼贪利甚喜，遗疑乃止。

"凡攻之道，必先塞其明，而后攻其强，毁其大，除民之害。淫之以色，啗之以利^③，养之以味，娱之以乐。

"既离其亲，必使远民，勿使知谋，扶而纳之，莫觉其意，然后可成。

"惠施于民，必无爱财。民如牛马，数馁食之^④，从而爱之。

"心以启智，智以启财，财以启众，众以启贤。贤之有启，以王天下。"

【注释】

① 离：离间，使……不和。散：分散，瓦解。

② 因：顺着，顺应。

③ 啗：利诱，引诱。

④ 馁：通"喂"。古代兵家基于其阶立场，视民众如牛羊，故有是语。

【译文】

武王问太公说："我想要建立功业，但是有三个疑虑：恐怕自己的力量不足以攻击强大的敌人、不足以离间敌国的君臣、不足以离散敌国的民众，应该怎样做呢？"

太公说："一要顺应敌人，二要慎用计谋，三要使用钱财。进攻强大的敌人，必须先助长他的强横骄慢，怂恿他变得张狂自大，过于强横骄慢必然会自断前程，过于张狂自大必然走向衰败。要进攻强大的敌人，必须先助长他的强横气焰；离间他的君臣关系，必须先收买他的亲信；离散他的民众，必须先收买他的民心。

"大凡谋划的原则，周密是最重要的。承诺给他权力和官职，给他钱财和利益，敌人内部必然群起争夺而发生内讧。

"离间敌人的君臣关系，要根据他们的喜好进行；给君主宠爱的佞臣好处，给他所喜好的东西，给他有所利的东西。这样他们就疏远了君主，使他们没有做事的心思。他们贪爱利益就会非常高兴，对我方的谋略就消除了疑虑。

"大凡进攻敌人的方法，必须先蒙蔽国君的耳目，然后进攻他的军队，摧毁他庞大的国家，解除他们对民众的祸害。用女色来迷惑他，用利益来引诱他，用美味来供养他，用乐舞来腐蚀他。

"既然离间了他的亲信臣子，必须进一步使他疏远自己的民众，不要让他知道了我方的计谋，推使他进入我方的圈套，而没有觉察到我方的意图。这样我们就可以大功告成了。

"给民众恩惠，一定不要吝惜钱财，民众就像牛马一样，常常关注他们，他们就会爱戴你支持你。

"心灵能够生出智慧，智慧能够产生财富，财富能够生养民众，民众能够涌现贤才。贤才提拔出来，就能够辅佐国君治理天下。"

卷三　龙韬

> "凡举兵帅师，以将为命。命在通达，不守一术。因能授职，各取所长，随时变化，以为纲纪。故将有股、肱羽翼七十二人，以应天道。备数如法，审知命理，殊能异技，万事毕矣。"

王翼第十八

【注释】

①股肱：股，大腿。肱，胳膊由肘到肩的部分。股肱喻指得力的辅佐大臣。

②揆（kuí）：度量，考察。

③候：观测。

④符：祥瑞。

⑤奇谲（jué）：诡诈的权谋。

⑥开阖：打开关闭。引申为"操纵、控制"。

⑦金疮：金属兵器所造成的肉体创伤。

【原文】

武王问太公曰："王者帅师，必有股肱、羽翼①，以成威神，为之奈何？"

太公曰："凡举兵帅师，以将为命。命在通达，不守一术。因能授职，各取所长，随时变化，以为纲纪。故将有股肱、羽翼七十二人，以应天道。备数如法，审知命理，殊能异技，万事毕矣。"

武王曰："请问其目？"

太公曰："腹心一人。主潜谋应卒，揆天消变②，总揽计谋，保全民命。

"谋士五人，主图安危，虑未萌，论行能，明赏罚，授官位，决嫌疑，定可否。

"天文三人。主司星历，候风气③，推时日，考符验④，校灾异，知人心去就之机。

"地利三人。主三军行止形势，利害消息，远近险易，水涸山阻，不失地利。

"兵法九人。主讲论异同，行事成败，简练兵器，刺举非法。

"通粮四人。主度饮食，［备］蓄积，通粮道，致五谷，令三军不困乏。

"奋威四人。主择才力，论兵革，风驰电掣，不知所由。

"伏鼓旗三人。主伏鼓旗，明耳目，诡符节，谬号令，阍忽往来，出入若神。

"股肱四人。主任重持难，修沟堑，治壁垒，以备守御。

"通材三人。主拾遗补过，应偶宾客，论议谈语，消患解结。

"权士三人。主行奇谲⑤，设殊异，非人所识，行无穷之变。

"耳目七人。主往来听言视变，览四方之事、军中之情。

"爪牙五人。主扬威武，激励三军，使冒难攻锐，无所疑虑。

"羽翼四人。主扬名誉，震远方，摇动四境，以弱敌心。

"游士八人。主伺奸候变，开阖人情⑥，观敌之意，以为间谍。

"术士二人。主为谲诈，依托鬼神，以惑众心。

"方士二人。主百药，以治金疮⑦，以痊万病。

"法算二人。主计会三军营壁、粮食、财用出入。"

【译文】

武王问太公说："君主统率军队，必须有将帅和辅臣，来壮大军队的神威，该怎么做呢？"

太公说："只要是举兵兴师，必须由将帅掌握全军的命运。要掌握好全军的命运，关键在于将帅要通晓和掌握全面情况，而不需要精通具体的技能。因此，在用人上，要根据才能授予职务，用其所长，并随着时间、地点、条件的变化灵活掌握，以此来作为军队建设的纲纪。所以，作为将帅需要有辅佐人员七十二个人，来顺应天道之数，应对各种情况。把这个数目确定为固定的编制，清楚地了解天道和事物发展变化的规律，把拥有特殊能力和奇异本领的人聚集到军队里，发挥各种人才的特殊才能，那么各项任务便可以圆满完成了。"

武王说："请问这七十二个人的具体情况如何？"

太公说："心腹一人，负责暗中谋划，应对各种突发情况，观测天象，消除隐患，总揽军政大计，保全民众生命。

"谋士五人，负责安定危局，分析形势的发展趋向，评定将士的品德才能，明确奖罚制度，授予各种官职，决断嫌疑问题，裁定事情的可否。

"天文三人，负责观察天象，观测气象，推算吉凶时日，考察吉凶征兆，核查灾异现象，了解天意向背的规律。

"地利三人，负责三军行进和驻扎的形势，权衡利害情况、路线的远近和危险情况、水路和山地情况，不失去地理上的便利。

"兵法九人，负责研究讨论不同的意见和作战的胜败把握，精选兵器和指导兵士操练兵器，监督和发现不法行为。

"通粮四人，负责预算军队的饮食所需，准备积蓄储备，疏通运输粮食的道路，保证粮食供给，不让三军因为粮食而困乏。

"奋威四人，负责选择精锐兵士，挑选锋利的兵器和坚固的盔甲，风驰电掣般出其不意地挫败敌人。

"伏鼓旗三人，负责掩藏战旗和战鼓，明确视听信号的正确，伪造符节，假传号令来迷惑敌人，来往不定，神出鬼没。

"股肱四人，负责重要的和困难的任务，负责挖掘沟堑，堆造壁垒，来准备防守和抵御。

"通材三人，负责为将帅拾遗补过，接待宾客，讨论问题，消除祸患，解除纠纷。

"权士三人，负责实施奇谋诡计，设置特殊奇异的计策，不是一般人能识破的，实行无穷的变化。

"耳目七人，负责对外联系和沟通，搜集言论观察变化，审明天下形势和军队情况。

"爪牙五人，负责扬我军威，激励三军的斗志，使他们敢于冒险犯难，冲锋陷阵没有疑惧。

"羽翼四人，负责宣传将帅的威名声誉，使之威震远方，动摇敌国的斗志，削弱敌军的士气。

"游士八人，负责侦察敌人的叛徒和动向变化，观察敌人的意图，承担间谍的重任。

"术士二人，负责使用诡诈之术，借助鬼神等迷信，来迷惑敌人的军心。

"方士二人，负责准备各种药物，治疗创伤，治愈兵士的疾病。

"法算二人，负责核算军队营垒、粮食和财用的收支情况。"

论将第十九

【原文】

武王问太公曰："论将之道奈何^①?"

太公曰："将有'五材''十过^②'。"

武王曰："敢问其目。"

太公曰："所谓'五材'者，勇、智、仁、信、忠也。勇则不可犯，智则不可乱，仁则爱人，信则不欺，忠则无二心。"

"所谓'十过'者，有勇而轻死者，有急而心速者，有贪而好利者，有仁而不忍人者，有智而心怯者，有信而喜信人者，有廉洁而不爱人者，有智而心缓者，有刚毅而自用者，有懦而喜任人者。

"勇而轻死者可暴也^③，急而心速者可久也，贪而好利者可遗也，仁而不忍人者可劳也，智而心怯者可窘也，信而喜信人者可诳也，廉洁而不爱人者可侮也，智而心缓者可袭也，刚毅而自用者可事也，懦而喜任人者可欺也。

"故兵者，国之大事，存亡之道，命在于将。将者，国之辅，先王之所重也，故置将不可不察也。故曰：兵不两胜^④，亦不两败。兵出逾境，期不十日^⑤，不有亡国，必有破军杀将。"

武王曰："善哉!"

【注释】

①论：评论，评价。

②材：资质，素质。过：错误，过失。

③暴：使动用法，使他暴怒。后面的"久"、"劳"也是这种用法。

④两胜：交战双方都取得胜利。

⑤期：预定的时间，一定的时间期限。

【译文】

武王问太公说："评价将帅的标准是什么?"

太公说："将帅应具备五种美德，避免十种过失。"

武王说："请说说它的具体内容是什么。"

太公说："所说的五种美德是：勇敢、明智、仁爱、守信、忠诚。勇敢就不会被侵犯，明智就不会被扰乱，仁爱就会爱护兵士，守信就不会欺骗人，忠诚就没有二心。

"所说的十种过失是：勇敢而轻易地就去赴死的，性情急躁而急于求成的，生性贪婪而喜好利益的，仁爱而流于纵容姑息的，明智而心里怯懦的，守信而轻信别人的，廉洁奉公而苛求部下的，足智多谋而优柔寡断的，刚毅而刚愎自用的，性情懦弱而喜欢依赖别人的。

"勇敢而轻易地就去赴死的，可以激怒他；性情急躁而急于求成的，可以拖垮他；生性贪婪而喜好利益的，可以贿赂他；仁爱而流于纵容姑息的，可以让他疲劳；明智而心里怯懦的，可以胁迫他；守信而轻信别人的，可以诓骗他；廉洁奉公而苛求部下的，可以侮辱他；足智多谋而优柔寡断的，可以偷袭他；刚毅而刚愎自用的，可以算计他；性情懦弱而喜欢依赖别人的，可以欺负他。

"所以战争是国家的大事，决定着国家的存亡，国家的命运由将帅掌握着。将帅，是国家的辅佐，是先王所重视的，所以任命将帅不能不谨慎考察。所以说：战争不会双方都取胜，也不会都失败。军队出了国境，不超过十天，不是一方亡国，也必定有一方军队溃败将领被杀。"

武王说："说得好啊！"

选将第二十

【原文】

武王问太公曰：“王者举兵，欲简练英雄①，知士之高下，为之奈何？”

太公曰：“夫士外貌不与中情相应者十五②：有贤而不肖者，有温良而为盗者，有貌恭敬而心慢者，有外廉谨而内无至诚者，有精精而无情者③，有湛湛而无诚者④，有好谋而不决者，有如果敢而不能者，有悾悾而不信者⑤，有恍恍惚惚而反忠实者⑥，有诡激而有功效者，有外勇而内怯者，有肃肃而反易人者⑦，有嗃嗃而反静悫者⑧，有势虚形劣而外出无所不至、无所不遂者。天下所贱，圣人所贵。凡人莫知，非有大明，不见其际。此士之外貌不与中情相应者也。”

武王曰：“何以知之？”

太公曰：“知之有八征：一曰问之以言以观其辞，二曰穷之以辞以观其变，三曰与之间谍以观其诚，四曰明白显问以观其德，五曰使之以财以观其廉，六曰试之以色以观其贞，七曰告之以难，以观其勇，八曰醉之以酒以观其态。八征皆备，则贤不肖别矣。”

【注释】

① 简练：精选并训练。
② 中情：内情，实际的情况。
③ 精精：精干的样子。
④ 湛湛：诚实厚道的样子。
⑤ 悾（kōng）悾：诚恳守信的样子。
⑥ 恍恍惚惚：不可捉摸、猜度的样子。
⑦ 肃肃：庄重严肃的样子。
⑧ 嗃嗃：严酷的样子。静悫（què）：温厚谨敬。

【译文】

武王问太公说：“君王发动军队，想要选拔英雄充当将帅，要了解士人德行才能的高下，这该怎么办？”

太公说：“士人的外表和他的实际情况不一致的有十五种情况：有外表看起来贤能而实际上不贤能的，有外表看起来温顺善良而实际上是盗贼的，有外表看起来恭敬有礼而实际上内心骄慢的，有外表看起来廉洁谨慎而内心不忠诚的，有外表看起来精干而实际上没有什么才能的，有外表看起来忠厚而实际上不诚实的，有外表看起来善于谋划而实际上犹豫不决的，有外表看起来果断勇敢而实际上无能的，有外表看起来可信而实际上不守信的，有外表看起来不可猜度而实际上忠诚老实的，有言辞激烈而实际上奏效的，有外表看起来勇敢而实际上内心怯懦的，有外表看起来严肃而实际上平易近人的，有外表看起来严酷而实际上内心温厚谨敬的，有外表看起来虚弱丑陋而实际上外出办事无所不至、无所不成的。总之，为天下其他人所鄙视的，却往往是圣人所重视的。这是一般的人当中没有人了解，没有高明的识人才能，是看不到实际的情况的。以上这些，就是士人的外表和内情不相一致的情况。"

武王问："怎样才能了解他呢？"

太公说："了解他有八种方法：一是问他问题，来观察他们如何应答；二是追根究底，来观察他如何应变；三是派间谍接近他，考察他是否忠诚；四是明知故问，来考察他的德行；五是用财物来试探他，来考察他是否廉洁；六是用女色试探他，来考察他的操守优劣；七是让他身处危难，来考察他是否勇敢；八是用酒灌醉他，来考察他是否失态。这八种方法都试用过了，一个人是贤还是不肖，就可以区分清楚了。"

立将第二十一

【原文】

武王问太公曰:"立将之道奈何?"

太公曰:"凡国有难,君避正殿,召将而诏之曰:'社稷安危,一在将军①。今某国不臣②,愿将军帅师应之。'

"将既受命,乃命太史卜,斋三日,至太庙,钻灵龟③,卜吉日,以授斧钺④。君入庙门,西面而立;将入庙门,北面而立。君亲操钺持首,授将其柄曰:'从此上至天者,将军制之。'复操斧持柄,授将其刃曰:'从此下至渊者,将军制之。''见其虚则进,见其实则止,勿以三军为众而轻敌,勿以受命为重而必死,勿以身贵而贱人,勿以独见而违众,勿以辩说为必然。士未坐勿坐,士未食勿食,寒暑必同。如此,则士众必尽死力。'

"将已受命,拜而报君曰:'臣闻国不可从外治,军不可从中御。二心不可以事君,疑志不可以应敌。臣既受命专斧钺之威,臣不敢生还。愿君亦垂一言之命于臣。君不许臣,臣不敢将。'

"君许之,乃辞而行。军中之事,不闻君命,皆由将出,临敌决战,无有二心。若此,则无天于上,无地于下,无敌于前,无君于后。是故智者为之谋,勇者为之斗,气厉青云,疾若驰骛⑤,兵不接刃,而敌降服。战胜于外,功立于内,吏迁士赏,百姓欢说,将无咎殃。是故风雨时节,五谷丰熟,社稷安宁。"

武王曰:"善哉!"

【注释】

①一:副词,都,一概。

②不臣:不遵守做臣子的本分,不忠诚于国君。

③钻灵龟:古代占卜的一种方法,先在龟甲上钻孔,再用火烧,龟甲就会出现走向不同的裂纹,以此来占卜吉凶。

④斧钺(yuè):斧,斧头。钺,较为宽大的斧头。它们都是古代军队里按军法来行刑的刑具,国君授予将军象征军权。

⑤驰骛(wù):快速地奔驰。骛,乱跑,纵横奔驰,引申为"急,快"。

【译文】

武王问太公说:"任命将帅的礼仪是怎样的?"

太公说:"只要是国家有难,国君就避开正殿,而在偏殿上召见将帅,并诏令他说:'国家的安危,都取决于将军你一人,如今某国叛乱,请将军率领军队去讨伐它。'

"等将帅接受了诏令，就命令太史占卜。国君要斋戒三天，然后去太庙，钻烧龟甲，占卜吉日，在这一天向将帅授予斧钺。到了吉日那天，国君走进太庙门，面向西站立；将帅走进太庙门，面向北站立。国君亲自手拿钺的头部，授予将帅钺柄，并说：'从今天开始，军队里上至天的一切事务都由将军处置。'然后再手拿斧柄，授予将帅斧刃，并说：'从今天开始，军队里下至地的一切事务都由将军处置。'并进而致辞说：'看见敌军虚弱就攻打，看见敌军坚实就不要交战。不要以为我军人数众多就轻视敌军，不要以为使命重大就和敌军拼死，不要以为自己身份尊贵就看不起别人，不要以为自己见解独到就违背众人的意愿，不要以为自己能言善辩就认为一定是这样。兵士还没有坐下，你就不要坐下；兵士还没有吃饭，你就不要吃饭；冷热都要和兵士一样。这样做，兵士就会用尽全力与敌军作战。'

"将帅接受任命后，跪拜着回答国君说：'我知道国家不能从外部来治理，军队不能在朝廷中指挥。臣子怀有二心就不能侍奉君主，将帅有疑虑就不能去指挥应战。我既然已经接受命令执有斧钺之威，就不敢战败生还。请您也垂赐一句话把下命令的权力给我。如果您不允许我，我不敢率领军队。'

"国君答应他，将帅就辞别国君出征。军队里的事务，不由国君而是由将帅来处置。对敌决战，没有掣肘之忧。如果这样，将帅就上不受天的限制，下不受地的限制，前无敌军抵抗，后无君主掣肘。这样，智者为他出谋划策，勇者为他冲锋陷阵，士气高昂直冲九天，行动迅速就像快马奔驰，兵器还没有交接，敌人就已经降服。战争取胜于国外，建立功勋于朝廷，将领升迁兵士受赏，百姓欢欣鼓舞，将帅也没有什么过失。因此风调雨顺，五谷丰登，国家安宁。"

武王说："说得真好啊！"

将威第二十二

【注释】

【原文】

武王问太公曰："将何以为威？何以为明？何以为禁止而令行？"

太公曰："将以诛大为威，以赏小为明，以罚审为禁止而令行。故杀一人而三军震者，杀之；赏一人而万人说者①，赏之。杀贵大，赏贵小。杀及当路贵重之臣②，是刑上极也；赏及牛竖、马洗、厩养之徒③，是赏下通也。刑上极，赏下通，是将威之所行也。"

【译文】

武王问太公说："将帅怎样来树立威信？怎样来做到明察？怎样做到有禁必止，有令必行？"

大公说："将帅通过诛杀职务级别高的将领来树立威信，通过奖赏地位低的兵士来体现明察，通过赏罚分明来使士兵有禁必止，有令必行。所以杀掉一个人而震动全军的，就杀掉他；奖赏一个人而能使全军高兴的，就奖赏他。杀掉的人关键要级别高，奖赏的人关键要地位低。杀掉级别高职务重的人，这表明能处罚到最上层的将领；奖赏牛僮、马夫这些地位低的人，这表明能奖赏到最下层的兵士。处罚到最上层，奖赏到最下层，这是将帅的威信能够树立的原因所在。"

①说：通"悦"，高兴，喜悦。

②当路：比喻正在掌握大权。

③牛竖、马洗、厩养之徒：牛竖，负责喂养牛的人。马洗，负责牵马的人。厩养，负责喂养马的人。这里三者代指军队里地位极低的人。

励军第二十三

【注释】

①金声:金属,引申为金属制作的乐器或兵器,这里的金声是指锣声,鸣金就表示收兵,军队停止前进或进攻。

②鼓声:军队里击鼓表示向前进攻。

③不身服力:不能身体力行。

【原文】

武王问太公曰:"吾欲令三军之众,攻城争先登,野战争先赴,闻金声而怒①,闻鼓声而喜②,为之奈何?"

太公曰:"将有三胜。"

武王曰:"敢问其目?"

太公曰:"将,冬不服裘,夏不操扇,雨不张盖,名曰礼将;将不身服礼,无以知士卒之寒暑。出隘塞,犯泥涂,将必先下步,名曰力将;将不身服力③,无以知士卒之劳苦。军皆定次,将乃就舍,炊者皆熟,将乃就食,军不举火,将亦不举,名曰止欲将;将不身服止欲,无以知士卒之饥饱。将与士卒共寒暑、劳苦、饥饱,故三军之众,闻鼓声则喜,闻金声则怒。高城深池,矢石繁下,士争先登;白刃始合,士争先赴。士非好死而乐伤也,为其将知寒暑、饥饱之审,而见劳苦之明也。"

【译文】

武王问太公说:"我想要命令三军将士攻城的时候争先恐后地攀登,野外作战的时候争先恐后地冲锋,听到鸣金声就恼怒,听到擂鼓声就兴奋,该怎样做呢?"

太公说:"将领有三种制胜之道。"

武王说:"请说说它的具体内容好吗?"

太公说:"作为将领,冬天不穿皮衣,夏天不扇扇子,下雨不搭帐篷,这叫做礼将;将领不亲自遵守军队的礼,就无法了解兵士的冷暖。在通过险阻要塞时,要走过泥泞道路,将领必须要下来步行,这叫做力将;将领不亲自出力,就无法了解兵士的劳苦。兵士都驻扎好了,将领才能就寝。饭食都做熟了,将领才能吃饭。兵士不点灯,将领也不可点灯,这叫做止欲将;将领不亲自抑制欲望，就无法了解兵士的饥饱。将领和兵士共担冷暖、劳苦、饥饱，因此三军兵士听到擂鼓声就兴奋，听到鸣金声就恼怒。攻打高城深池时，乱箭和石头纷纷落下，但兵士依然争先恐后地攀登。进行野战时，锋利的兵器一交战，兵士就争先恐后地冲锋。兵士不是喜欢送死和受伤，而是因为他的将领很清楚他们的冷暖和饥饱，了解他们的劳苦，因此深受感动而甘愿尽力报效祖国。"

阴符第二十四

【原文】

武王问太公曰："引兵深入诸侯之地，三军卒有缓急，或利或害，吾将以近通远①，从中应外，以给三军之用，为之奈何？"

太公曰："主与将有阴符②，凡八等：有大胜克敌之符，长一尺；破军擒将之符，长九寸；降城得邑之符，长八寸；却敌报远之符，长七寸；警众坚守之符，长六寸；请粮益兵之符，长五寸；败军亡将之符，长四寸；失利亡士之符，长三寸。诸奉使行符，稽留者③，若符事泄，闻者、告者皆诛之。八符者，主将秘闻，所以阴通言语，不泄中外相知之术。敌虽圣智，莫之能识。"

武王曰："善哉！"

【译文】

武王问太公说："率军深入到敌国境内，军队突然遇到紧急情况，或者有利，或者有害，我想在近处通知远方，在国内接应国外，以适应军队行动的需要，该怎么办呢？"

太公说："国君和将领之间可以使用秘密的兵符，共分八种：有我军大获全胜、全歼敌军的阴符，长一尺；打败敌军、擒获将领的阴符，长九寸；敌军全城投降、攻破城邑的阴符，长八寸；击退敌人、报告远方的阴符，长七寸；警告军队坚守的阴符，长六寸；请求补充粮草、增派兵力的阴符，长五寸；报告作战失败、将领阵亡的阴符，长四寸；报告作战失利、兵士伤亡的阴符，长三寸。凡是奉命传递阴符的兵士，如果延误战机、泄露情报，听到的和泄露的都要处死。这八种阴符，只有国君和将帅秘密商定，是用来暗中传递情报，不泄情报，里应外合的通信手段。即使敌人智慧高深，也无从识破它的奥秘。"

武王说："太好了！"

阴书第二十五

【原文】

武王问太公曰:"引兵深入诸侯之地,主将欲合兵①,行无穷之变,图不测之利,其事烦多,符不能明,相去辽远,言语不通,为之奈何?"

太公曰:"诸有阴事大虑,当用书②,不用符。主以书遗将,将以书问主,书皆一合而再离,三发而一知。再离者,分书为三部;三发而一知者,言三人,人操一分,相参而不相知情也。此谓阴书,敌虽圣智,莫之能识。"

武王曰:"善哉!"

【译文】

武王问太公说:"率军深入到敌国境内,国君想要集结兵力,加以灵活机动地指挥,取得出其不意的胜利。然而这里的事情繁多,用阴符不能说明问题,两者又相距遥远,言语难以传达,该怎么办?"

太公说:"所有秘密的事情和重大的计策,都应当用阴书来传达,而不用阴符。国君送阴书给将领传达意图,主将送阴书给国君请示问题,阴书都是一合而再离、三发而一知。一合而再离,即把一份情报分作三部分;三发而一知,即派三人送情报,一人送一部分,相互错开,送情报的人不知道里面的内容。这叫做阴书,即使敌人智慧高深,也不能识破我方的秘密。"

武王说:"太好了!"

【注释】

①合兵:把兵士集中起来以待进行调遣。

②书:阴书,古代战争中用来秘密通信的书信。

军势第二十六

【原文】

武王问太公曰:"攻伐之道奈何?"

太公曰:"势因于敌家之动,变生于两阵之间,奇正发于无穷之源。故至事不语,用兵不言。且事之至者,其言不足听也;兵之用者,其状不足见也。倏而往①,忽而来,能独专而不制者,兵也。夫兵闻则议,见则图,知则困,辨则危。故善战者,不待张军②;善除患者,理于未生;善胜敌者,胜于无形;上战无与战。故争胜于白刃之前者,非良将也;设备于已失之后者,非上圣也;智与众同,非国师也;技与众同,非国工也。事莫大于必克,用莫大于玄默③,动莫神于不意,谋莫善于不识。夫先胜者,先见弱于敌,而后战者也,故事半而功倍焉。

"圣人征于天地之动④,孰知其纪。循阴阳之道而从其候;当天地盈缩因以为常;物有死生,因天地之形。故曰:未见形而战,虽众必败。

"善战者,居之不挠,见胜则起,不胜则止。故曰:无恐惧,无犹豫。用兵之害,犹豫最大;三军之灾,莫过狐疑。善战者,见利不失,遇时不疑,失利后时,反受其殃。故智者从之而不释,巧者一决而不犹豫,是以疾雷不及掩耳,迅电不及瞑目,赴之若惊,用之若狂,当之者破,近之者亡,孰能御之?

"夫将有所不言而守者神也⑤;有所不见而视者明也。故知神明之道者,野无衡敌,对无立国。"

武王曰:"善哉!"

【译文】

武王问太公说:"进攻作战的原则是什么?"

太公说："战场态势要依据敌人变动而变化，战术要依据敌我战阵对峙情况而灵活处置，奇正的运用则靠将帅的慧心独创而变化无穷。所以，最高的机密不可泄露，用兵的方法不能外传。机密到了最高层次，自然只能会之于心而不表现为言语，而军队作战的部署，也只能隐秘莫测不可暴露于外界。倏忽往来，独自决断而不受人控制，这才是用兵的原则。用兵让敌人探到，敌人就会商议对策；让敌人看到，就对我图谋；让敌人了解我行军方向，我军就会陷入困境；让敌人辨清我军的行军规律，我军就有危险。所以善于用兵的，不等到军队开动就取得了胜利；善于消除祸患的，不等祸患发生就把它消除了；善于战胜敌人的，无形中就战胜了。最高明的作战艺术，就是造成无人敢与我为敌的局面。因此在锋利的刀刃上争夺胜利的将领，不是好的将领；在失败之后才进行设置守备的，不是聪明人；智慧和一般人相同，就称不上国师；技能和一般人一样，就称不上国工。战争最重要的是攻无不克，用兵最重要的是保守机密，出兵最重要的是出其不意，谋划最重要的是出神入化。未战先胜的，先向敌人示弱，然后再交战，因此可以事半功倍。

"圣人观察天地的变化，探求天地运行的规律，根据日月运行考察四季变化，根据昼夜长短推断事物变化的一般规律。万物荣枯生死，根据的是自然的变化。所以，还没有见到敌人的情形就交战，即使人数比敌人多也必定要失败。

"善于作战的，静待时机不受干扰，看到能打胜就打，打不胜就停下来。所以说，没有恐惧，没有犹豫。用兵的隐患，最大的是犹豫。军队的灾祸，最大的就是怀疑。善于作战的见到有利的条件就不让它失去，遇到有利的战机就毫不迟疑。失去有利的条件、错过有利的战机，反而会遭受灾殃。所以，明智的将领善于抓住机会而不放过，灵活的将领一旦决定下来就不再犹豫。所以作战时能够像迅雷一样让人来不及捂住耳朵，像闪电一样让人来不及闭上眼睛。向前冲锋就像受惊的快马，作战就像猛吹的狂风，阻挡他的就被攻破，靠近他的就被消灭，这种军队谁能抵抗住呢?

　　"将领用兵,能不动声色而能够持守的就叫做神;能眼睛不看就可洞察事情发展趋势的就叫做明。所以,掌握了这种不言而知、不见而察的神明道理的,作战没有与之为敌的对手,天下没有敢与之为敌的国家。"

　　武王说:"您说得好啊!"

奇兵第二十七

【注释】

①蓊翳:草木茂盛的样子。

②坳泽:低洼潮湿的沼泽。窈冥:昏暗。

③谬:假装。

④分移:分散转移,此处指"灵活机动地部署和使用兵力"。

⑤倾:倒下,倾伏。这里引申为"失败、土崩瓦解"。

【原文】

武王问太公曰:"凡用兵之道,大要何如?"

太公曰:"古之善战者,非能战于天上,非能战于地下,其成与败,皆由神势,得之者昌,失之者亡。夫两阵之间,出甲陈兵,纵卒乱行者,所以为变也;深草蓊翳①者,所以逃遁也;溪谷险阻者,所以止车御骑也;隘塞山林者,所以少击众也;坳泽窈冥者②,所以匿其形也;清明无隐者,所以战勇力也;疾如流矢,如发机者,所以破精微也;诡伏设奇,远张诳诱者,所以破军擒将也;四分五裂者,所以击圆破方也;困(疑作因)其惊骇者,所以一击十也;困其劳倦暮舍者,所以十击百也;奇伎者,所以越深水渡江河也;强弩长兵者,所以逾水战也;长关远候,暴疾谬遁者③,所以降城服邑也;鼓行喧嚣者,所以行奇谋也;大风甚雨者,所以搏前擒后也;伪称敌使者,所以绝粮道也;谬号令、与敌同服者,所以备走北也;战必以义者,所以励众胜敌也;尊爵重赏者,所以劝用命也;严刑罚者,所以进罢怠也;一喜一怒、一与一夺、一文一武、一徐一疾者,所以调和三军、制一臣下也;处高敞者,所以警守也;保阻险者,所以为固也;山林茂秽者,所以默往来也;深沟高垒,粮多者,所以持久也。

"故曰:不知战攻之策,不可以语敌;不能分移④,不可以语奇;不通治乱,不可以语变。故曰:将不仁,则三军不亲;将不勇,则三军不锐;将不智,则三军大疑;将不明,则三军大倾⑤;将不精微,则三军失其机;将不常戒,则三军失其备;将不强力,则三军失其职。故将者,人之司命,三军与之俱治,与之俱乱;得贤将者,兵强国昌;不得贤将者,兵弱国亡。"

武王曰:"善哉!"

【译文】

武王问太公说："用兵的规律，它的要点有哪些？"

太公说："古代善于作战的将领，不是能战于天上，也不是能战于地下，他的胜利与失败，都取决于创造神妙的军势。能创造神妙军势的就胜利，不能创造神妙军势的就失败。两军对阵，列甲陈兵，让兵士打乱行列，是为了变化阵法诱惑敌人；行进到杂草茂盛的地方，是为了便于隐蔽撤退；行进到溪谷险阻的地方，是为了阻止敌军的战车和骑兵；行进到关塞、险隘、山林的地方，是为了便于以少击众；行进到低洼幽暗的地方，是为了藏匿军队的形迹；行进到清明开阔没有遮掩的地方，是为了以勇力交战；快速就像弓弩射出的飞箭一样，是为了打破敌人的计划；诡秘地埋伏奇兵，张下罗网引诱敌人，是为了打败敌人擒住敌人将领；把军队分编成不同的阵形，是为了攻破敌人的圆阵和方阵；围攻受惊害怕的敌人，是为了以一击十；围攻疲劳困乏的敌人，是为了以十击百；使用潜水泅渡的特殊本领，是为了渡过深水和江河；使用攻击力强的弩和长兵器，是为了越水作战；在关隘远眺敌人的行动，突然快速地行动，是为了袭取敌人的城邑；故意擂响战鼓，大声喧闹，是为了实行奇谋；冒着狂风暴雨，是为了攻击敌人的前头军队和后续军队；冒称是敌人的使者，潜入敌区的，是为了切断敌人的粮道；假传号令并和敌人穿着一样的衣服，是为了准备撤退；作战必须对官兵晓以大义，是为了激励士气战胜敌人；奖励地位高的爵位和丰厚的财物，是为了激励将士执行命令；严厉刑罚，是为了让疲惫懒怠的兵士振作起来；有喜有怒，有赏有罚，有文有武，有慢有快，是为了协调军队的意志，统一下属行动；占据地势高而且宽阔的地方，是为了利于警卫和防守；保护险要的地方，是为了可以坚守；驻扎在山林茂密的地方，是为了隐蔽军队的往来行踪；挖深沟堆高垒，粮草充足，是为了能够持久作战。

"所以说：不懂得作战和进攻的策略，就别谈和敌人交战；

不能分兵移动，就别谈出奇制胜；不通晓军队治乱道理，就谈不上应对变化。所以说，将帅不仁爱，军队就不团结和睦；将帅不勇敢，军队战斗力就不强；将帅不机智，军队就会迟疑；将帅不精明，军队就会遭遇重大失败；将帅不精细，军队就会失去战机；将帅不经常警惕，军队就会失去戒备；将帅领导不坚强有力，军队就会懈怠玩忽职守。所以，将帅主宰着兵士的生命，军队会因为他而整饬，也会因为他而混乱；得到贤能的将帅，那么军队就会强大，国家就会昌盛；没有贤能的将帅，军队就会衰弱，国家就会灭亡。"

武王说："说得真好啊！"

五音第二十八

【注释】

①律：定音或测量气候的竹管、玉管或铜管。

②消息：消长，事物的生灭、荣枯。这里指军队力量的强弱变化。

③宫、商、角、徵、羽：古代音乐理论中的五个音阶。

④五行：古人认为万物都是由金、木、水、火、土这五种元素构成的，称为五行。五行之间有相生相克的关系。

⑤六甲：十天干和十二地支顺序相配后形成的六十甲子，即六十年一个轮回的纪年方法。其中和甲依次配成的甲子、甲戌、甲申、甲午、甲辰、甲寅六个干支称为六甲。

⑥白虎、玄武、朱雀、勾陈、青龙：都是二十八星宿中星座的名称。

【原文】

武王问太公曰："律音之声①，可以知三军之消息②，胜负之决乎？"

太公曰："深哉！王之问也。夫律管十二，其要有五音——宫、商、角、徵、羽③；此其正声也，万代不易。五行之神④，道之常也，可以知敌。金、木、水、火、土，各以其胜攻之。

"古者三皇之世，虚无之情以制刚强。无有文字，皆由五行。五行之道，天地自然。六甲之分⑤，微妙之神。其法：以天清净，无阴云风雨，夜半，遣轻骑往至敌人之垒，去九百步外，遍持律管，当耳大呼惊之。有声应管，其来甚微。角声应管，当以白虎；徵声应管，当以玄武；商声应管，当以朱雀；羽声应管，当以勾陈；五管声尽不应者，宫也，当以青龙⑥。此五行之符，佐胜之征，成败之机。"

武王曰："善哉！"

太公曰："微妙之音，皆有外候。"

武王曰："何以知之？"

太公曰："敌人惊动则听之：闻枹鼓之音者，角也；见火光者，徵也；闻金铁矛戟之音者，商也；闻人啸呼之音者，羽也；寂寞无闻者，宫也。此五者，声色之符也。"

【译文】

武王问太公说："从律管发出的乐音，可以了解军队力量的消长，预知决战胜负的结果吗？"

太公说："你问的问题真是深奥啊！律管有十二个音阶，其中主要的有五个——宫、商、角、徵、羽，这是正声，万世不变。五行神妙，是天地间的自然规律，能够凭借它来了解敌情的变化。金、木、水、火、土，各以它们相生相克的性质来取胜，用兵打仗也是以其胜攻其不胜啊！

"古代三皇的时候，使用虚静无为，来战胜刚强。没有文字，都是按照五行来做事。五行相生相克，是天地演变的自然规律。六甲分合，是非常精微神妙的。运用五音五行的方法是：选择天空明净，没有阴云，也不刮风不下雨，半夜里派轻骑去敌人的营垒，在相距900步远的地方，用一只手拿着律管放到耳朵边，向敌方大声疾呼以惊动他们。这时，就会有来自敌方的回声反应于律管之中，当然这回声听起来非常微弱。律管有角音的回声，对应白虎；有徵音的回音，对应玄武；有商声的回音，对应朱雀；有羽声的回音，对应勾陈；五个律管都没有回音的相当于宫声，对应青龙。这就是五行相生相克的反映，是帮助取胜的征兆，用兵胜败的关键。"

武王说："说得好啊！"

太公说："再微妙的音律，都有外在的征候。"

武王问："怎样才能知道它呢？"

太公说："敌人被惊动时就仔细倾听：听到鼓声对应角声；见到火光对应徵声，听到金铁矛戟各种兵器声对应商声；听到叫声对应羽声；寂然无声对应宫声。这五种现象和五声是相符的。"

兵征第二十九

【注释】

①妖祥：凶兆和吉兆。

②铎：古代的一种乐器名，形如大铃，振舌发声。铁舌叫金铎，用来传达军令；木舌叫木铎，用来宣布政令。

③鼙（pí）：小鼓，用来为大鼓击节。

④属：连接。

⑤城主：守城的主将。

【原文】

武王问太公曰："吾欲未战先知敌人之强弱，预见胜负之征，为之奈何？"

太公曰："胜负之征，精神先见，明将察之，其败在人。谨候敌人出入进退，察其动静，言语妖祥①，士卒所告。凡三军说怿，士卒畏法，敬其将命。相喜以破敌，相陈以勇猛，相贤以威武，此强征也。三军数惊，士卒不齐，相恐以敌强，相语以不利，耳目相属，妖言不止，众口相惑，不畏法令，不重其将，此弱征也。

"三军齐整，陈势已固，深沟高垒，又有大风甚雨之利，三军无故，旌旗前指，金铎之声扬以清②，鼙鼓之声宛以鸣③，此得神明之助，大胜之征也。行陈不固，旌旗乱而相绕，逆大风甚雨之利，士卒恐惧，气绝而不属④，戎马惊奔，兵车折轴，金铎之声下以浊，鼙鼓之声湿如沐，此大败之征也。

"凡攻城围邑：城之气色如死灰，城可屠；城之气出而北，城可克；城之气出而西，城必降；城之气出而南，城不可拔；城之气出而东，城不可攻；城之气出而复入，城主逃北⑤；城之气出而覆我军之上，军必病；城之气出高而无所止，用兵长久。凡攻城围邑，过旬不雷不雨，必亟去之，城必有大辅。此所以知可攻而攻，不可攻而止。"

武王曰："善哉！"

【译文】

武王问太公说："我想在没有交战时预先知道敌人的强弱，看见战争胜败的征兆，该怎么办？"

太公说："胜败的征兆，首先表现在敌人精神上。明智的将帅能够看出来，但能否根据征兆来打败敌人，则取决于人的主观努力。小心地侦察敌人的出入进退，侦察它的动静，言语中透露出的吉凶征兆，兵士议论的事情。凡是军队里一片喜悦，兵士畏惧军纪，敬畏他们将领的命令，高兴的是打败敌人，谈论的是勇猛，称道的是威武，这是军队力量强大的表现；反之，军队大多惊慌，兵士凌乱不整，害怕的是敌人强大，谈论的是不吉利的话语，相互议论纷纷，谣言四起无法制止，互相欺骗，不害怕法令，不尊重他们的将领，这是军队力量衰弱的表现。

"军队整齐划一，军阵牢固，壕沟深营垒高，又有大风大雨对他们有利，军队还没有出动，旌旗就指向前方，金铎的声音高扬清晰，战鼓的声音婉转高亢，这是得到神明帮助、将要大获全胜的征兆。反之，军阵不牢固，旌旗凌乱缠绕在一起，遇到大风大雨的不利条件，兵士恐惧，士气衰竭涣散，战马受惊狂奔，战车车轴折断，金铎的声音沉闷混浊，鼙鼓的声音因为淋湿而低沉，这是将要大败的征兆。

"凡是围攻城邑：城上之气颜色好像死灰一样，城邑就能占领；城上之气出来向北流动，城邑就能攻破；城上之气出来向西流动，城邑就必定会投降；城上之气出来向南流动，城邑就不可攻取；城上之气出来向东流动，城邑就不可攻破；城上之气出来又回去，守城主将必将逃跑；城上之气出来覆盖我方军队上方，我军必然失利；城上之气出来向上流动很高而且不停止，围攻的时间就会很长久。凡是围攻城邑，过了十天仍然不打雷不下雨，一定要快速离去，城邑必定有贤能的辅臣。这样，就可以知道能攻打就攻打，不能攻打就停止的道理了。"

武王说："讲得好啊！"

农器第三十

【注释】

①耒耜:上古翻土农具,耒为木制曲柄,耜用木、石、骨或铁制成,为耒耜的起土部件。

②行马蒺(jí)藜(lí):古代战争中用来防御的兵器。行马是用装有刀刃的盾牌制成的战车。蒺藜是带有尖刺的类似蒺藜的障碍物,有木制的,叫木蒺藜,有铁制的,叫铁蒺藜。

③蓑薛簦笠:蓑衣和斗笠,都是雨具。

④耨(nòu):耘地,平整土地。

【原文】

武王问太公曰:"天下安定,国家无事,战攻之具,可无修乎?守御之备,可无设乎?"

太公曰:"战攻守御之具,尽在于人事。耒耜者①,其行马蒺藜也②。马、牛、车、舆者,其营垒蔽橹也。锄耰之具,其矛戟也。蓑薛簦笠者③,其甲胄干楯也。镢锸、斧、锯、杵臼,其攻城器也。牛马,所以转输粮用也。鸡犬,其伺候也。妇人织纴,其旌旗也。丈夫平壤,其攻城也。春铲草棘,其战车骑也。夏耨田畴④,其战步兵也。秋刈禾薪,其粮食储备也。冬实仓廪,其坚守也。田里相伍,其约束符信也。里有吏,官有长,其将帅也。里有周垣,不得相过,其队分也。输粟收刍,其廪库也。春秋治城郭,修沟渠,其堑垒也。故用兵之具,尽在于人事也。善为国者,取于人事。故必使遂其六畜,辟其田野,安其处所。丈夫治田有亩数,妇人织纴有尺度。是富国强兵之道也。"

武王曰:"善哉!"

【译文】

武王问太公说:"天下安定,国家平安无事,作战的兵器可以不制造吗?防御的装备可以不设置吗?"

太公说:"作战的兵器和防御的装备,实际上都是百姓的日常生产生活用具。耒耜可以作为行马和蒺藜使用;马车和牛车,可以作为营垒和蔽橹使用;锄耰之类的农具,可以作为矛戟使用;蓑衣、雨伞和斗笠,可以作为盔甲和盾牌使用;镢锸、斧、锯、杵臼,可以作为攻城的兵器使用;牛和马可以用来转运粮草;鸡和狗可以用来报时和警戒;妇女织成的布匹,可以用来制作战旗；男子平整土地，可以用来攻城；春天割草除棘，可以和车骑兵交战；夏天耕地锄草，可以和步兵交战；秋天收割庄稼柴禾，可以作为粮草储备；冬天仓库里储藏粮食，用来长期作战和防守；田里劳作的农民，平时编里为伍，作战时作为军队编制；里设吏，官府设长，作战时作为将帅；里之间筑围墙，不能逾越，作战时作为驻军划分；运输粮食，储藏粮草，作战时作为储备；春天和秋天修筑城郭，修挖沟渠，作战时作为营垒壕沟。所以说，作战的武器，都来自于平常的农事生活中。善于治理国家的人，资源都取自于农事。所以一定要饲养六畜，开垦田地，安定住所，使男子种田达到一定的亩数，妇女纺织达到一定的长度。这就是富国强兵的方法。"

武王说："说得好啊！"

卷四　虎韬

> "凡用兵之大数，将甲士万人，法用：武冲大扶胥三十六乘。材士强弩矛戟为翼，一车二十四人推之，以八尺车轮，车上立旗鼓。兵法谓之震骇，陷坚陈，败强敌。武翼大橹矛戟扶胥七十二具。材士强弩矛戟为翼……"

军用第三十一

【原文】

武王问太公曰："王者举兵，三军器用，攻守之具，科品众寡①，岂有法乎？"

太公曰："大哉！王之问也！夫攻守之具，各有科品，此兵之大威也。"

武王曰："愿闻之。"

太公曰："凡用兵之大数，将甲士万人，法用：武冲大扶胥三十六乘②。材士强弩矛戟为翼，一车二十四人推之，以八尺车轮，车上立旗鼓。兵法谓之震骇，陷坚陈，败强敌。

"武翼大橹矛戟扶胥七十二具。材士强弩矛戟为翼，以五尺车轮，绞车连弩自副③，陷坚陈，败强敌。

"提翼小橹扶胥一百四十四具。绞车连弩自副，以鹿车轮，陷坚陈，败强敌。

"大黄参连弩大扶胥三十六乘。材士强弩矛戟为翼，飞凫、电影自副④。飞凫，赤茎白羽，以铜为首；电影，青茎赤羽，以铁为首。昼则以绛缟，长六尺，广六寸，为光耀；夜则以白缟，长六尺，广六寸，为流星。陷坚陈，败步骑。

"大扶胥冲车三十六乘。螳螂武士共载⑤，可以击纵横，可以败敌。

"辎车骑寇⑥，一名电车，兵法谓之电击。陷坚陈，败步骑。

"寇夜来前，矛戟扶胥轻车一百六十乘⑦。螳螂武士三人共载，兵法谓之霆击。陷坚陈，败步骑。

【注释】

①科品：种类。

②武冲大扶胥：古代一种装有大盾的战车。扶胥是战车的另一名称。

③绞车连弩：一种用绞车的力量把弓拉开，能连续射箭的兵器。副：附有。

④飞凫、电影：两种旌旗。

⑤螳螂武士：手拿双刀作战的勇武善战的兵士。

⑥辎车骑寇：又叫电车，是一种行动非常迅速的车骑联合一体的作战部队。

⑦矛戟扶胥轻车：一种装备有矛和戟的轻装战车。

【译文】

武王问太公说："君王举兵作战，军队武器和进攻防御装备的种类及数量，难道有一定的标准吗？"

【注释】

①方首铁棓维朌：棓，通"棒"。朌，通"颁"。方首铁棓维朌是一种一端呈方形的大铁棒。

②大柯斧：一种长柄的斧头。柯，斧头的柄。

③木螳螂剑刃扶胥：一种两侧装备有锋利的刀刃，用来防守的木制战车。

④木蒺藜：一种形似蒺藜，用来据守的木制障碍物。

⑤要：拦截。

⑥轴旋短冲矛戟扶胥：一种装备有矛和戟的冲锋战车，并且装有轴可以旋转。

⑦蚩尤氏：传说是远古时期九黎部落的首领，他不服从黄帝的命令，黄帝就征讨他，在涿鹿大战蚩尤氏，并杀死了蚩尤。

⑧突瞑：在天色将要黑的时候突然袭击。

⑨两镞蒺藜：指带有两个箭头的蒺藜。镞，箭头。

⑩参连织女：参，通"三"，三是概数，表示

太公说："你问的是一个大问题啊！攻守装备，种类各不相同，这是有关军威的问题。"

武王说："我想听您讲讲。"

太公说："大凡所使用的兵器有个大概数目。统率甲士一万人，应当用武冲大扶胥战车三十六辆，派本领强的兵士各持强弩、矛和戟作为双翼，每辆战车需要二十四个人推动。战车要用八尺高的车轮，战车上竖立旌旗和战鼓。兵法上把这种战车称为震骇，用来攻陷坚固的军阵，打败强大的敌人。

"使用'武翼大橹矛戟扶胥'战车七十二辆，派本领强的兵士各持强弩、矛和戟作为双翼。战车要用五尺高的车轮，还要附有用绞车发射的弩，用来攻陷坚固的军阵，打败强大的敌人。

"使用'提翼小橹扶胥'战车一百四十辆，还要附有用绞车发射的弩。这种战车要有鹿车那么大的车轮，用来攻陷坚固的军阵，打败强大的敌人。

"使用'大黄参连弩大扶胥'战车三十六辆，派本领强的兵士各持强弩、矛和戟作为双翼，附有飞凫、电影两种旌旗。飞凫用红色旗杆、白色羽毛，用铜做旗杆的头；电影用青色的旗杆、红色的羽毛，用铁做旗杆的头。白天就使用绛色的绢做的旌旗，长六尺，宽六寸，称为光耀；夜里就使用白色的绢做成的旌旗，长六尺，宽六寸，称为流星。这种战车可以用来攻陷坚固的军阵，打败步兵和骑兵。

"使用'大扶胥冲'战车三十六辆，乘载螳螂武士，可以用来攻打纵向横向的敌军，打败强大的敌人。

"使用'辎车骑寇'战车，又叫电车。兵法称它为电击。用来攻陷坚固的军阵，打败步兵和骑兵。

"如果敌军夜里来偷袭，就使用'矛戟扶胥'轻战车一百六十辆，每辆战车乘载螳螂武士三人。兵法称它为霆击，用来攻陷坚固的军阵，打败步兵和骑兵。

【原文】

"方首铁棓维肦^①，重十二斤，柄长五尺以上，千二百枚，一名天棓。大柯斧^②，刃长八寸，重八斤，柄长五尺以上，千二百枚，一名天钺。方首铁锤，重八斤，柄长五尺以上，千二百枚，一名天锤。败步骑群寇。

"飞钩，长八寸，钩芒长四寸，柄长六尺以上，千二百枚，以投其众。

"三军拒守，木螳螂剑刃扶胥^③，广二丈，百二十具，一名行马，平易地，以步兵败车骑。

"木蒺藜^④，去地二尺五寸，百二十具。败步骑，要穷寇^⑤，遮走北。

"轴旋短冲矛戟扶胥^⑥，百二十具。黄帝所以败蚩尤氏^⑦。败步骑，要穷寇，遮走北。

"狭路微径，张铁蒺藜，芒高四寸，广八寸，长六尺以上，千二百具。败步骑。

"突暝来前促战^⑧，白刃接，张地罗，铺两镞蒺藜^⑨，参连织女^⑩，芒间相去二寸，万二千具。旷野草中，方胸铤矛，千二百具。张铤矛法：高一尺五寸。败步骑，要穷寇，遮走北。

"狭路、微径、地陷，铁械锁参连，百二十具。败步骑，要穷寇，遮走北。"

【译文】

"方首铁棓维肦，重为十二斤，柄长五尺以上，一千二百枚，又叫天棓。长柄斧，刃长为八寸，重为八斤，柄长五尺以上，一千二百枚，又叫天钺。方首铁锤，重为八斤，柄长五尺以上，一千二百枚，又叫天锤。这些兵器用来打败步兵和骑兵。

"飞钩，长为八寸，钩尖长四寸，柄长六尺以上，一千二百枚，可以用来投钩为数众多的敌军。

"军队进行防御，使用木螳螂剑刃扶胥，宽为二丈，一百二十具，又叫行马。在平易地形作战，可以让步兵拿着它来打败敌军的战车和骑兵。

多。织女，是一种形状与蒺藜相似的草，这里是指一种带有很尖的刺的障碍物。参连织女就是把许多这种障碍物连接起来。

"木蒺藜，要离开地面二尺五寸，一百二十具，可以用来打败敌军的步兵和骑兵，截击陷于困境的敌军，堵截败逃的敌军。

"轴旋短冲矛戟扶胥战车，一百二十辆，黄帝曾经用它来打败蚩尤。用来打败步兵和骑兵，截击陷于困境的敌军，堵截败逃的敌军。

"在狭路小径上，布下铁蒺藜，刺长四寸，宽为八寸，长为六尺以上，一千二百具，用来打败步兵和骑兵。

"敌军夜间突然来逼战，白刃相接，铺设地罗，布下两镞蒺藜和参连织女，芒刺相距二寸，一万二千具。在旷野草地里作战，要使用方胸铤矛，一千二百具。铺设铤矛的方法：要离地面一尺五寸。这些兵器，用来打败步兵和骑兵，截击陷于困境的敌军，堵截败逃的敌军。

"在狭路、小径和洼地上，使用铁械锁参连，一百二十具。用来打败步兵和骑兵，截击陷于困境的敌军，堵截败逃的敌军。"

【原文】

"垒门拒守，矛戟小橹，十二具，绞车连弩自副。

"三军拒守，天罗虎落锁连一部①，广一丈五尺，高八尺，百二十具。虎落剑刃扶胥②，广一丈五尺，高八尺，五百二十具。

"渡沟堑飞桥③，一间广一丈五尺，长二丈以上，着转关辘轳④，八具，以环利通索张之。

"渡大水飞江⑤，广一丈五尺，长二丈以上，八具，以环利通索张之。天浮铁螳螂矩内圆外，径四尺以上，环络自副，三十二具。以天浮张飞江⑥，济大海，谓之天潢，一名天舡⑦。

"山林野居，结虎落柴营。环利铁锁，长二丈以上，千二百枚。环利大通索，大四寸，长四丈以上，六百枚。环利中通索，大二寸，长四丈以上，二百枚。环利小徽缧，长二丈以上，万二千枚。

"天雨盖重车上板，结枲钼铻⑧，广四尺，长四丈以上。车一具，以铁杙张之⑨。

"伐木大斧，重八斤，柄长三尺以上，三百枚；棨镢刃广六寸^⑩，柄长五尺以上，三百枚；铜筑固为垂，长五尺以上，三百枚；鹰爪方胸铁耙，柄长七尺以上，三百枚；方胸铁叉，柄长七尺以上，三百枚；方胸两枝铁叉，柄长七尺以上，三百枚。

"芟草木大镰，柄长七尺以上，三百枚；大橹刃，重八斤，柄长六尺，三百枚；委环铁杙，长三尺以上，三百枚；椓杙大锤，重五斤，柄长二尺以上，百二十具。

"甲士万人，强弩六千，戟楯二千，矛楯二千，修治攻具，砥砺兵器巧手三百人。此举兵军用之大数也。"

武王曰："允哉！"

[译文]

"防守营门，使用矛、戟、小橹，十二具，还要使用附有绞车的弩。

"军队进行防御，使用天罗虎落锁连，每部宽为一丈五尺，高为八尺，一百二十具。虎落剑刃扶胥战车，宽为一丈五尺，高为八尺，五百二十具。

"越过沟堑，要架设飞桥，宽为一丈五尺，长两丈以上，飞桥上要有转关辘轳，八具，用铁环和长绳架设。

"横渡江河时，要用架设飞江浮桥，宽为一丈五尺，长两丈以上，八具，用铁环和长绳连接。天浮铁螳螂，里方外圆，直径四尺以上，附有铁环和绳索，三十二具。用天浮架飞江，用来横渡大海，称它为天潢，又叫天舡。

"在山林野外驻扎，要结成虎落柴营，环绕上铁锁，长两丈以上，一千二百枚。带铁环的大绳，铁环大为四寸，绳长四丈以上，六百枚。带铁环的中等粗细的绳索，铁环大为两寸，绳长四丈以上，三百枚；带铁环的小绳索，长两丈以上，一万二千枚。

"遇上天下雨，盖韬重车的车顶板要刻上齿槽，从而和车吻合，车板宽为四尺，长四丈以上。每车一具，用铁桩铺设。

"砍树的大斧头，重为八斤，柄长三尺以上，三百枚；棨镢大锄，刃宽为六寸，柄长五尺以上，三百枚；铜筑固大锤，长五尺以上，三百枚；鹰爪方胸铁耙，柄长七尺以上，三百枚；方胸铁叉，柄长七尺以上，三百枚；方胸两枝铁叉，柄长七尺以上，三百枚。

"除草木的大镰，柄长七尺以上，三百枚；大橹刃，重为八斤，柄长六尺，三百枚；圆环铁橛，长三尺以上，三百个；钉橛大锤，重为五斤，柄长二尺以上，一百二十具。

"甲士一万人，配备强弩六千，戟、盾两千，矛和楯两千套。修理兵器、磨砺兵器的能手三百人。以上就是举兵作战军队所需武器装备的大概数目。"

武王说："确实是这样啊！"

三阵第三十二

【原文】

问太公曰："凡用兵为天陈、地陈、人陈^①，奈何?"

太公曰："日月、星辰、斗杓^②，一左一右，一向一背，**此为天陈**；丘陵、水泉，亦有前后左右之利，**此为地陈**；用车用马，用文用武，此为人陈。"

武王曰："善哉!"

【译文】

武王问太公说："大凡作战时布下的天阵、地阵、人阵，是什么样的?"

太公说："根据日月、星辰、北斗星所处的前后左右的方位布阵，就是天阵；根据丘陵和水泽等地形条件来布阵，就是地阵；根据战车和战马，政治外交和武力进攻等不同战法来布阵，就是人阵。"

武王说："好啊!"

【注释】

①陈:通"阵"。两军交战时所摆设的队伍的行列。引申为军队布置的局势。天陈、地陈、人陈是分别按照天空的星象、地面的形状和人事的情形来摆设的阵式。

②斗杓（biāo）:即北斗七星，人们称之为勺子星。位置在北方天空，七颗星呈勺子状，三颗构成勺子柄，四颗构成勺身。

疾战第三十三

【注释】

①困兵：被围困的军队。

②暴用：突然，这里的意思是突然快速突围。

③徐用：拖延时间不采取果断措施突围。

④四武冲陈：四面布设武冲战车的阵形。

⑤迭：交替，轮换。

【原文】

武王问太公曰："敌人围我，断我前后，绝我粮道，为之奈何？"

太公曰："此天下之困兵也①，暴用之则胜②，徐用之则败③。如此者，为四武冲陈④，以武车骁骑，惊乱其军，而疾击之，可以横行。"

武王曰："若已出围地，欲因以为胜，为之奈何？"

太公曰："左军疾左，右军疾右，无与敌人争道；中军迭前迭后⑤。敌人虽众，其将可走。"

【译文】

武王问太公说："敌人包围我军，断绝我军的前后联系，切断我军的粮道，该怎么办呢？"

太公说："这是天下处境最困难的军队。在这种情况下，迅速突围就会取胜，行动缓慢就要失败。突围的方法是，把军队布成'四武冲陈'，用强大的战车和善战的骑兵来惊乱敌军，随之迅速攻击敌人，这样就能够横行无忌地突围了。"

武王又问："假设我军已经成功突围，想要乘机打败敌军，该怎么办呢？"

太公说："指挥我军左路迅速攻击敌军左路，我军右路迅速攻击敌军右路，不要与敌人争夺道路；同时我军中路向敌轮番突击；或攻击敌军前头，或抄其尾部。这样敌军人数虽多，但也将被我军打败。"

必出第三十四

【原文】

武王问太公曰："引兵深入诸侯之地①，敌人四合而围我，断我归道，绝我粮食，敌人既众，粮食甚多，险阻又固，我欲必出，为之奈何？"

太公曰："必出之道，器械为宝，勇斗为首。审知敌人空虚之地，无人之处，可以必出。将士人持玄旗②，操器械，设衔枚。夜出，勇力、飞足、冒将之士居前，平垒为军开道③。材士、强弩为伏兵居后，弱卒车骑居中。陈毕徐行，慎无惊骇。以武冲扶胥前后拒守，武翼大橹以备左右。敌人若惊，勇力、冒将之士疾击而前，弱卒车骑以属其后，材士强弩隐伏而处。审候敌人追我，伏兵疾击其后，多其火鼓，若从地出，若从天下，三军勇斗，莫我能御。"

武王曰："前有大水、广堑、深坑，我欲逾渡，无舟楫之备，敌人屯垒，限我军前，塞我归道，斥候常戒④，险塞尽中，车骑要我前，勇士击我后，为之奈何？"

太公曰："大水、广堑、深坑，敌人所不守，或能守之，其卒必寡。若此者，以飞江、转关与天潢以济吾军。勇力材士从我所指，冲敌绝陈，皆致其死。先燔吾辎重⑤，烧吾粮食，明告吏士，勇斗则生，不勇则死。已出者，令我踵军设云火远候⑥，必依草木、丘墓、险阻，敌人车骑必不敢远追长驱。因以火为记，先出者令至火而止，为四武冲陈。如此，则吾三军皆精锐勇斗，莫我能止。"

武王曰："善哉！"

【注释】

①诸侯：古代帝王分封的各国国君，规定要服从王命，定期朝贡述职。在这里的意思是敌国。

②玄旗：玄是黑色。黑色的旗子。

③平垒：攻破敌军的营垒。

④斥候：侦察放哨的兵士。

⑤辎重：出门携带的物资，这里是指军用物资。

⑥踵军：接踵而来的军队，指的是后续部队。

【译文】

武王问太公说："率军深入到敌国境内，敌人从四面联合包围我军，切断我军退路，切断我军粮道，而敌军为数众多，粮食充足，并且占据险阻地形，防守牢固，我想突围出去，该怎么办？"

太公说："要突出敌人的包围圈，武器装备至关重要，而勇敢决斗更占有首要位置。应侦察清楚敌军力量薄弱的地方，没人防守的地方，从这里能够成功突围。突围时，将士都拿着黑旗，手持武器装备，口中衔枚，趁着夜间出发。让勇敢强壮、行动敏捷、敢冒险的将士冲在前面，攻破营垒为后面的军队开道；让有本领的勇士作为伏兵，埋伏在后面作掩护；让身体弱的兵士和车骑在中间。安排好后，沉着缓慢行进，要谨慎不要惊慌。并使用武冲扶胥的战车在前后防守，用武翼大橹的战车在左右防护。如果敌军发觉我军突围，我勇敢强壮敢于冒险的将士要立刻攻击，向前行进；体弱的兵士和车骑跟在后面；有本领的拿着强弩的勇士埋伏好。看到敌人追击我军，伏兵迅速地攻击敌人后面，并用大量的火光、鼓声，让他们感到我军像是从地下冒出，从天上降下的，全军奋勇决斗，敌人就无法阻挡我军突围了。"

武王又问："如果前面有大河、宽堑、深坑，我军要越过，但没有船只装备。敌人屯兵筑垒，阻挡我军前进，切断我军退路，敌人的哨兵时刻戒备，险要地势都被占据，敌人的战车和骑兵阻断前进道路，勇士又袭击我军侧后，在这种情况下该怎么办？"

太公说："敌人一般不会在大河、宽堑、深坑地段派兵防守，就是防守，兵力也一定不多。如果这样，我军就可以利用飞江、转关和天潢越过去。让勇敢有力的兵士按照指定方向，冲破敌人的战阵，殊死决斗。摆渡时，先烧掉我军的辎重，烧掉我军的粮草，明确告诉全军将士，勇敢决战就能活命，否则就要送命。突围之后，让前头军队在前方放出烟火信号，让远方的侦察兵警戒，同时必须占据草丛树林、坟地、险要的地形。敌人的战车和骑兵就必定不敢拉长线追击。之所以以烟火为信号，是为了指示先突围的部队到有火的地方聚集，并部署好四武冲阵。这样，我军就会精锐而勇猛，敌人就无法阻挡我军前进了。"

武王说："说得好啊！"

军略第三十五

【原文】

武王问太公曰:"引兵深入诸侯之地,遇深溪、大谷、险阻之水,吾三军未得毕济①,而天暴雨,流水大至,后不得属于前,无有舟梁之备②,又无水草之资,吾欲毕济,使三军不稽留,为之奈何?"

太公曰:"凡帅师将众,虑不先设,器械不备,教不素信,士卒不习,若此,不可以为王者之兵也。凡三军有大事,莫不习用器械。攻城围邑,则有轒辒、临冲③;视城中,则有云梯、飞楼④;三军行止,则有武冲、大橹,前后拒守;绝道遮街,则有材士强弩,卫其两旁;设营垒,则有天罗、武落、行马、蒺藜。昼则登云梯远望,立五色旌旗;夜则设云火万炬,击雷鼓,振鼙铎,吹鸣笳⑤;越沟堑,则有飞桥、转关、辘轳、鉏铻;济大水,则有天潢、飞江;逆波上流,则有浮海、绝江⑥。三军用备,主将何忧?"

【译文】

武王问太公说:"率军深入到敌国境内,遇到深溪、大谷和大河的阻挡,我军还没有全部渡过,天又下起大雨,洪水泛滥,后面的军队被洪水隔断,无法与前面的联系,既没有船只、桥梁,又没有水草等帮助。在这种情况下,我想让全军都渡过去,不让军队滞留过久,该怎么办?"

太公说:"只要是统率军队,不事先制订计划,武器装备不准备好,平常训练不到位,兵士技能不熟练,如果这样,就称不上是王者的军队。大凡军队有重大的行动,没有不训练兵士熟练使用武器装备的。如果要围攻城邑,就要使用轒辒、临冲等围攻城邑的战车;如果要观察城邑中的情形,就要使用云梯、

【注释】

①济:渡过江河。

②梁:桥。

③轒辒:古代战争中使用的攻打城池的战车。有四个车轮,下面可以藏数十名兵士,非常坚固,攻城时木石都不能破坏它,也可在里面装土来填平壕沟。临冲:也是一种攻城的装备,临是临车,可以从上往下看;冲是冲车,可以从旁边冲突,也就是说可以用来冲撞城门。

④云梯:也是一种攻城的装备,可以用来攀登城墙。飞楼:攻城的时候用于高处观望城中状况的观望楼。

⑤鸣笳(jiā):古代一种管乐器,用竹子制作而成,类似于笛子或箫。

⑥浮海、绝江:古代用来渡过江河的浮水工具。

飞楼等装备；如果军队停止行进，就要使用武冲、大橹等装备，来前后防御；如果要切断道路交通，就要让拥有本领的弓箭手来守卫在道路两旁；如果要设置营垒，就要使用天罗、武落、行马、蒺藜等装备；白天就要登上云梯观望远方，建立五种颜色的旌旗，以迷惑敌人；夜晚就要设置大量的云火，敲响战鼓，敲打鼙铎，吹响鸣笳，用作指挥信号；如果要越过沟堑，就要使用飞桥、转关、辘轳、钮锯等装备；如果要渡过大河，就要使用天潢、飞江；如果要逆水而上，就要使用浮海、绝江等装备。全军使用的装备都准备好了，主将还有什么可以忧虑的呢？"

临境第三十六

[原文]

武王问太公曰："吾与敌人临境相拒①，彼可以来，我可以往，陈皆坚固，莫敢先举。我欲往而袭之，彼亦可来，为之奈何？"

太公曰："分兵三处：令我前军，深沟增垒而无出，列旗，击鼙鼓，完为守备；令我后军，多积粮食，无使敌人知我意；发我锐士，潜袭其中，击其不意，攻其无备。敌人不知我情，则止不来矣。"

武王曰："敌人知我之情，通我之谋，动而得我事，其锐士伏于深草，要隘路，击我便处，为之奈何？"

太公曰："令我前军，日出挑战，以劳其意；令我老弱，曳柴扬尘②，鼓呼而往来③；或出其左，或出其右，去敌无过百步，其将必劳，其卒必骇。如此，则敌人不敢来。吾往者不止，或袭其内，或击其外，三军疾战，敌人必败。"

[译文]

武王问太公说："我军与敌军在国境上对峙，敌人可以来进攻我军，我军也可以进攻敌人，两军阵势都牢固，谁都不敢率先进攻。我军想去袭击敌人，但担心敌人也来袭击我军，这应该如何处置？"

太公说："把我军分编成三部：命令我军前头部队深挖沟堑高筑营垒，但不要出战，排列旌旗，擂响鼙鼓，做好防守准备。命令我军后续部队多准备粮食，不要让敌人觉察到我军的意图。然后，派我军精锐部队偷袭敌军中央，出其不意地袭击，在他没有防备的情况下进攻他。敌人不了解我军的实际情况，就停止行动，不敢来进攻我军了。"

[注释]

① 拒：抵御，抵抗。这里的意思是两军对峙。

② 曳柴扬尘：拖拽着树枝跑以扬起尘土。

③ 鼓呼：擂鼓呐喊，以壮大声势，震慑敌人。

　　武王又问道："如果敌军已侦察到我军的情况，掌握了我军所用的计谋，我军有所行动，敌人就知道意图是什么，就派他的精锐部队埋伏在深草中，在我必经的狭隘道路上阻击，攻击我军防守松懈的地方，这又该怎么处置呢？"

　　太公说："命令我军先头部队，每天都去挑战，来使敌人的斗志松懈；命令我方的年老体弱的兵士，拉着树枝，扬起尘土，擂鼓呐喊，来回奔跑，以壮声势。进行挑战时，我军时而出现在敌军左方，时而出现在敌军右方，和敌人相距不超过一百步，这样，敌军将领必定感到疲劳，敌军兵士必定感到害怕。这样一来，敌军就不敢来进攻我军。我军如此不停地偷袭和扰乱敌军，时而袭击他的内部，时而攻击他的外部，然后，全军再快速全部进行作战，敌人必定会被打败。"

动静第三十七

【原文】

武王问太公曰:"引兵深入诸侯之地,与敌之军相当,两陈相望,众寡强弱相等,未敢先举。吾欲令敌人将帅恐惧,士卒心伤,行陈不固,后陈欲走,前陈数顾①;鼓噪而乘之②,敌人遂走,为之奈何?"

太公曰:"如此者,发我兵去寇十里而伏其两旁,车骑百里而越其前后,多其旌旗,益其金鼓。战合,鼓噪而俱起,敌将必恐,其军惊骇,众寡不相救,贵贱不相待,敌军必败。"

武王曰:"敌之地势,不可以伏其两旁,车骑又无以越其前后,敌知我虑,先施其备。我士卒心伤,将帅恐惧,战则不胜,为之奈何?"

太公曰:"微哉③,王之问也!如此者,先战五日,发我远候,往视其动静,审候其来,设伏而待之。必于死地④,与敌相遇,远我旌旗,疏我行陈,必奔其前,与敌相当。战合而走,击金无止,三里而还,伏兵乃起,或陷其两旁,或击其前后,三军疾战,敌人必走。"

武王曰:"善哉!"

【注释】

① 顾:回头看。在这里说兵士犹豫不决,战斗意志动摇。

② 鼓噪:擂鼓呐喊助威。

③ 微:微妙、精深的意思。

④ 死地:不利的地形,困境。

【译文】

武王问太公说:"率军深入到敌国境内,敌我双方实力相当,双方对峙,人数和力量相等,谁都不敢率先进攻。我要使敌军将帅感到恐惧,兵士士气低落,军阵不牢固,阵后的兵士想逃跑,阵前兵士动摇。然后,再擂鼓呐喊,乘机进攻,让敌军败逃,这该怎么办?"

太公说:"要想做到这样,要派我军部队绕到距离敌军后方十里的地方,埋伏在道路两旁,并派战车和骑兵绕到敌军后方一百里的地方，多带旌旗，增加金鼓。双方开始交战后，一起擂鼓呐喊，敌军将帅必定会恐惧，兵士必定惊慌害怕，大小部队必定不互相援救，将士不互相顾及。这样，敌军必定要失败。"

武王又问："如果敌军所据的地势，不便于我军埋伏在它的两边，我军的战车和骑兵又无法绕到敌军后方，并且敌军又觉察到了我军的行动意图，事先做了准备。我军兵士士气低落，将帅感到恐惧，交战不能取胜，遇到这种情况该怎么办？"

太公说："你问的问题真微妙啊！这样的情况，要在交战的五天之前，就派斥候到远方去侦察，去探知敌军的动静，侦察敌军进攻我军的征兆，并设下埋伏等待敌军来进攻。必须在对敌军不利地方交战，分散我军的旌旗，拉开我军阵的距离，并用和敌军相当的兵力进攻。刚一交战就撤退，不停地鸣金，后退三里之后再交战，这时伏兵冲出来，或攻击敌军两旁，或袭击敌军前方后方，全军快速奋力作战，敌军必定败逃。"

武王说："真是太好了！"

金鼓第三十八

【原文】

武王问太公曰:"引兵深入诸侯之地,与敌相当,而天大寒甚暑,日夜霖雨①,旬日不止,沟垒悉坏,隘塞不守,斥候懈怠,士卒不戒,敌人夜来,三军无备,上下惑乱,为之奈何?"

太公曰:"凡三军以戒为固,以怠为败。令我垒上,谁何不绝②,人执旌旗,外内相望,以号相命,勿令乏音,而皆外向。三千人为一屯③,诚而约之,各慎其处。敌人若来,视我军之警戒,至而必还,力尽气怠,发我锐士,随而击之。"

武王曰:"敌人知我随之,而伏其锐士,佯北不止,过伏而还,或击我前,或击我后,或薄我垒④,吾三军大恐,扰乱失次,离其处所,为之奈何?"

太公曰:"分为三队,随而追之,勿越其伏,三队俱至,或击其前后,或陷其两旁,明号审令,疾击而前,敌人必败。"

【译文】

武王问太公说:"率军深入到敌国境内,我军与敌军实力相当,而且天气严寒或者酷热,或者日夜下大雨,持续十天不停,沟堑营垒都冲坏,关隘要塞无法防守,侦察兵松懈倦怠,兵士不再戒备。这时,敌人夜里来袭击,全军毫无防备,将士困惑混乱,这样该怎么办?"

太公说:"大凡军队,做好戒备就牢固,懈怠就失败。命令我军在营垒上,盘问之声不绝,兵士拿着旌旗,内外相互监视,相互传递命令,不要让金鼓声音停下来,而是都传到外面。三千兵士为一屯,警告并且约束他们,都要在所处的位置保持警惕。敌人如果来了,看到我军的警戒,就是来了也必然会回去。等敌人力气耗尽时,派我军中的精锐兵士,跟随敌人给予痛击。"

武王又问:"敌人察觉我军跟随他们,因此埋伏下精锐兵士,假装败逃依然向前行进,走到有埋伏的地方就返回来,有的袭击我军先头部队,有的袭击我军后方,有的迫近我军的营垒。我军大为惊恐,混乱一片、失去秩序,离开自己的岗位,面对这种情况该怎么办?"

太公说:"应把我军分编为三队,分头跟随追击敌军,保持警惕不要中了敌军的埋伏。三部分会合后,有的袭击敌军前后,有的袭击敌军两侧,严明号令,使士卒快速袭击向前追击,敌人必然会溃败。"

绝道第三十九

【原文】

武王问太公曰："引兵深入诸侯之地，与敌相守，敌人绝我粮道，又越我前后，吾欲战则不可胜，欲守则不可久，为之奈何？"

太公曰："凡深入敌人之地，必察地之形势，务求便利，依山林、险阻、水泉、林木而为之固，谨守关梁①；又知城邑、丘墓地形之利。如是，则我军坚固，敌人不能绝我粮道，又不能越我前后。"

武王曰："吾三军过大林、广泽、平易之地，吾盟误失②，卒与敌人相薄③，以战则不胜，以守则不固，敌人翼我两旁④，越我前后，三军大恐，为之奈何？"

太公曰："凡帅师之法，当先发远候，去敌二百里，审知敌人所在。地势不利，则以武冲为垒而前，又置两踵军于后，远者百里，近者五十里，即有警急，前后相救，吾三军常完坚，必无毁伤。"

武王曰："善哉！"

【注释】

①关梁：关隘和桥梁。

②盟：同盟的军队。

③相薄：相迫近。这里是狭路相逢的意思。

④翼：鸟类的翅膀，这里的意思是从两侧进攻。

【译文】

武王问太公说："率军深入到敌国境内，和敌军相守对峙。敌军切断了我军的粮道，并绕到我军后方，前后夹击我军。而我军想要作战又担心无法取胜，想要防守又担心守不了多久，这应该怎么办？"

太公说："凡是深入到敌国境内作战，必须侦察清楚敌国的实际地形，务必占据有利地形。依据山林、险阻、水泽、树林等来使阵地牢固，谨慎把守关隘和桥梁；还要清楚城邑、山丘坟墓等有利的地形。这样一来，我军的防守就牢固，敌军既无法切断我军的粮道，也无法绕到我军的后方来夹击我军了。"

武王又问："我军通过高山茂林、广阔的沼泽、平坦的地区时，约定的军队逾期没有到，又突然遭遇敌军，我想要进攻又担心无法取胜，想要防守又担心无法牢固防守，这时敌军包围了我军两旁，绕到我军前方和后方，致使我军兵士都大为恐惧，这种情况应该怎么办？"

太公说："大凡统率军队的方法，应该先派人到远方侦察，在和敌军相距200里，就要清楚地了解敌军所在的位置。如果地形对我军不利，就用武冲组成营垒向前行进，并派出两支部队在后面跟随，两者间隔远的保持100里，近的保持50里，一旦遇到危险情况，即可前后互相援救。我军如能经常保持这种完善而坚固的部署，就一定不会遭受伤亡和失败了。"

武王说："真是太好了！"

略地第四十

【原文】

武王问太公曰："战胜深入，略其地①，有大城不可下，其别军守险，与我相拒。我欲攻城围邑，恐其别军卒至而击我②，中外相合③，击我表里，三军大乱，上下恐骇，为之奈何？"

太公曰："凡攻城围邑，车骑必远，屯卫警戒，阻其外内④，中人绝粮⑤，外不得输，城人恐怖，其将必降。"

武王曰："中人绝粮，外不得输，阴为约誓，相与密谋；夜出，穷寇死战，其车骑锐士，或冲我内，或击我外，士卒迷惑，三军败乱，为之奈何？"

太公曰："如此者，当分军为三军，谨视地形而处，审知敌人别军所在。及其大城别堡，为之置遗缺之道，以利其心，谨备勿失。敌人恐惧，不入山林，即归大邑。走其别军，车骑远要其前，勿令遗脱。中人以为先出者得其径道，其练卒材士必出，其老弱独在。车骑深入长驱，敌人之军，必莫敢至。慎勿与战，绝其粮道，围而守之，必久其日。无燔人积聚，无坏人宫室，冢树社丛勿伐⑥，降者勿杀，得而勿戮，示之以仁义，施之以厚德，令其士民曰：'罪在一人。'如此，则天下和服。"

武王曰："善哉！"

【注释】

① 略：夺取。

② 别军：另外的一支军队。

③ 中外：城中的敌人和城外的敌人。

④ 外内：城中和城外的联系。

⑤ 中人：城中的敌人。

⑥ 冢树社丛：冢，坟墓。社，土地庙。树、丛，都是古人在坟墓和社庙边栽种以便于辨认的标记。

【译文】

武王问太公说："我军取胜深入到敌国境内，占领敌国土地，但还有大的城邑攻不破，敌国另有一支军队占据险要的地方和我军对峙。我军想要围攻城邑，又恐怕敌军突然出动来袭击我军，和城中守军里外配合，袭击我军内外，导致我全军大乱，将士都恐惧惊骇，遇到这种情况，应该怎么办？"

太公说："大凡围攻城邑，车骑一定驻扎在距离城邑较远的地方，负责警戒，阻止城内外敌军的联系。城中的敌军断绝粮食，外面的粮食无法运到城中，这样，城中的敌人必定恐惧，守城的敌将必定投降。"

武王说："城中的敌军断绝粮食，外面的粮食无法运入，如果敌军暗中誓死约定，一起秘密谋划；夜里派出兵士突围，敌军车骑和精锐兵士，或者冲击我军内部，或者袭击我军外围，致使我军兵士迷惑，全军混乱大败，遇到这种情况，应该怎么办？"

太公说："如果这样的话，应把我军分编为三部分，并谨慎地依据地形驻扎，侦察敌人另一支军队所在的位置。以及敌国其他大城的情况，并为敌军让出一条逃跑的通道，来引诱敌军外逃，但要谨慎防备，不要让敌人跑掉。敌人恐惧，不逃进山林就会逃进大城邑。这时我军首先要赶跑敌人另一支军队，派车骑到较远的地方阻止敌人的先头部队，不要让它们逃脱。城中的敌人一定认为先逃出的找到了逃跑的路线，敌军精锐的兵士一定会随后逃出，只有年老体弱的守在城中。我军的车骑长驱直入，敌军必定不敢前来。这时我军要小心谨慎不要和敌军交战，要切断敌军的粮道，包围它们坚守下去，一定要坚守较长一段时间。不要焚烧敌人积聚的财物，不要破坏敌人的宫室，不要砍伐坟地里的树木和宗庙里的丛林，不要杀害投降的敌人，不要杀戮俘虏，向他们表示我军的仁义，给他们恩惠。向敌国军民宣布：有罪的只是国君一人。这样，天下就会诚心归附了。"

武王说："说得好啊！"

火战第四十一

【原文】

武王问太公曰："引兵深入诸侯之地，遇深草蓊秽①，周吾军前后左右②，三军行数百里，人马疲倦休止。敌人因天燥疾风之利，燔吾上风，车骑锐士，坚伏吾后，吾三军恐怖，散乱而走，为之奈何？"

太公曰："若此者，则以云梯、飞楼，远望左右，谨察前后，见火起，即燔吾前而广延之③，又燔吾后。敌人若至，即引军而却，按黑地而坚处④。敌人之来，犹在吾后，见火起，必还走。吾按黑地而处，强弩材士卫吾左右，又燔吾前后，若此，则敌不能害我。"

武王曰："敌人燔吾左右，又燔吾前后，烟覆吾军，其大兵按黑地而起，为之奈何？"

太公曰："若此者，为四武冲陈，强弩翼吾左右。其法无胜亦无负。"

【注释】

① 蓊秽：草木茂盛的样子。秽，杂草多，荒芜。
② 周：围绕，环绕。
③ 广延之：扩大被烧的范围。
④ 黑地：被烧过的地面变黑，所以称为黑地。

【译文】

武王问太公说："率军深入到敌国境内，遇到茂密的树林围绕在我军周围，全军也已经行进了几百里路，人困马乏，急需休息。这时，敌人凭借干燥的天气、风力较大的有利条件，在我军的上风头放火，派车骑和精锐兵士埋伏在我军后方，致使我军恐惧，混乱逃散。遇到这种情况，应该怎么办？"

太公说："如果这样的话，应就地使用云梯、飞楼，来观望远处左右的情况，谨慎地观察前后的情况。发现烧起大火，我军也马上在前面较远的地方放火，扩大燃烧范围，又在我军后面放火。如果敌人进攻，就率领军队撤退，在烧光草木的黑地上坚守。来进攻的敌人，已经落在我军后面，看见大火烧起来，必定退走。我军在黑地上布阵，并以才能的勇士拿强弩守卫左右两翼，又用火焚烧掉我军前后草木，这样，敌人就不能危害我军了。"

武王又问："敌人在我军左右放火，又在我军前后放火，以致浓烟笼罩我军阵地，而敌军向我军所在的黑地发起进攻，这应该怎么办？"

太公说："如果遇到这种情况，应把我军布成四武冲阵，用强弩守卫左右两翼。这种办法虽然无法取胜，但也不会导致失败。"

垒虚第四十二

【原文】

武王问太公曰:"何以知敌垒之虚实,自来自去^①?"

太公曰:"将必上知天道^②,下知地理,中知人事。登高下望,以观敌之变动;望其垒,即知其虚实;望其士卒,则知其去来。"

武王曰:"何以知之?"

太公曰:"听其鼓无音,铎无声,望其垒上多飞鸟而不惊,上无氛气^③,必知敌诈而为偶人也^④。敌人卒去不远,未定而复返者,彼用其士卒太疾也。太疾,则前后不相次^⑤;不相次,则行陈必乱。如此者,急出兵击之,以少击众,则必胜矣。"

【注释】

①自来自去:来,指前来进攻;去,指撤离后退。

②天道:自然界运动的规律。

③氛气:指灰土或烟尘。

④偶人:用土木制成的人像。

⑤相次:相互连接。

【译文】

武王问太公说:"怎样才能知道敌军营垒的虚实,以及敌军的来往调动情况呢?"

太公说:"将帅必须上知天道运行,下知地理状况,中知人事情理。登到高处向下观望,来侦察敌军的变动情况。观望敌人的营垒,就能得知敌军营垒的虚实;观望敌军兵士的行动,就能得知敌军调动的情况。"

武王又问:"怎样才能知道这些情况呢?"

太公说:"听到敌人的战鼓没有声音,铎也没有声音,又观望敌军营垒上有许多鸟在飞,毫不惊恐,空中也没有扬起的尘土,就知道敌人是在用诈术,在营垒里摆设了假人来欺骗我们。敌人仓促撤退还不远,还没停下来又返回去的,这是敌军调动慌乱的表现。兵士调动慌乱,前后就失去秩序。失去秩序,军阵就必然混乱。如果这样的话,我军可以快速出兵攻打它,即使是以少击众,也必定会取得胜利。"

卷五　豹韬

"　　使吾三军分为冲陈，便兵所处，弓弩为表，戟楯为里，斩除草木，极广吾道，以便战所；高置旌旗，谨敕三军，无使敌人知吾之情，是谓林战。林战之法：率吾矛戟，相与为伍……"

林战第四十三

【原文】

武王问太公曰："引兵深入诸侯之地，遇大林，与敌分林相拒①。吾欲以守则固，以战则胜，为之奈何?"

太公曰："使吾三军分为冲陈②，便兵所处，弓弩为表，戟楯为里③，斩除草木，极广吾道，以便战所；高置旌旗，谨敕三军④，无使敌人知吾之情，是谓林战。林战之法：率吾矛戟，相与为伍；林间木疏，以骑为辅，战车居前，见便则战，不见便则止；林多险阻，必置冲陈，以备前后；三军疾战，敌人虽众，其将可走；更战更息，各按其部，是谓林战之纪⑤。"

【译文】

武王问太公说："率军深入到敌国境内，遇到森林地带，与敌军各占一部分森林对峙。我军想防守就很牢固，发起进攻就能取胜，那应该怎么办?"

太公说："把我军布成冲阵，布在有利于我军的地方，弓弩手布设在外面，戟和盾牌布设在里面，砍伐清理草木，为我军尽可能拓宽道路，以便于我军作战；高悬旌旗，严格命令全军，不要让敌军了解我军的情况，这叫做森林地带的作战行动。其作战的方法是：率领我军使用矛和戟的兵士，一起编为一队；如果森林里树木稀少，就使用骑兵来辅助作战，把战车布设在前面，发现战机对我军有利就作战，没有发现有利战机就停止行动；如果森林里有很多险阻地形，必须布成冲阵，来防备敌军袭击我军前后；务使全军快速作战，即使敌军人数众多，敌军将领也会败逃。我军交战时要轮流上阵，轮流休息，各部分都按照编队行动。这就是林战的纲纪。"

【注释】

①分林：指各占据一部分森林地带。

②冲陈：即四武拒阵。

③戟楯（jǐ dùn）：戟和盾牌。

④谨敕（chì）：严格地约束。敕，通"伤"，告诫，吩咐。在这里是命令的意思。

⑤纪：准则，纲纪。

突战第四十四

【注释】

①系累：捆绑，囚禁。

②远邑别军：远方城邑的另一支军队。

③晦：天黑，夜晚。

④收：掠夺。

⑤设备：布设下武器装备。

⑥突门：城下小门，也称守城之门，敌人来时，可出其不意地进行突然袭击。

【原文】

武王问太公曰："敌人深入长驱，侵掠我地，驱我牛马；其三军大至，薄我城下，吾士卒大恐，人民系累①，为敌所虏。吾欲以守则固，以战则胜，为之奈何？"

太公曰："如此者，谓之突兵，其牛马必不得食，士卒绝粮，暴击而前。令我远邑别军②，选其锐士，疾击其后；审其期日，必会于晦③。三军疾战，敌人虽众，其将可虏。"

武王曰："敌人分为三四，或战而侵掠我地，或止而收我牛马④，其大军未尽至，而使寇薄我城下，致吾三军恐惧，为之奈何？"

太公曰："谨候敌人未尽至，则设备而待之⑤。去城四里而为垒，金鼓旌旗，皆列而张，别队为伏兵；令我垒上多积强弩，百步一突门⑥，门有行马，车骑居外，勇力锐士隐伏而处。敌人若至，使我轻卒合战而伪走。令我城上立旌旗，击鼙鼓，完为守备。敌人以我为守城，必薄我城下。发吾伏兵，以冲其内，或击其外。三军疾战，或击其前，或击其后。勇者不得斗，轻者不及走。名曰突战。敌人虽众，其将必走。"

武王曰："善哉！"

【译文】

武王问太公说："敌人长驱直入，侵掠我国的土地，驱赶抢掠我们的牲畜；大量敌军到来，直逼我国都城下，我军兵士大为恐惧，百姓被捆绑，遭到敌军的俘虏。在这种情况下，我想要防守就能牢固，作战就能取胜，应该怎么办？"

太公说："像这类的敌军，叫做突袭的军队，它的马匹必定缺少草料，兵士必定断绝了粮食，所以突然进攻我国。要命令我军驻扎在远方的其他部队，选拔精锐兵士，从后面快速袭击敌军；仔细算好约定的时间，一定要在夜晚昏暗的时候与我军主力会合。届时全军快速猛烈作战，虽然敌军人数众多，其主将也可被我军俘虏。"

武王又问道："如果敌军分作三四部分，有的进攻侵占我国的土地，有的停下来掠夺我们的牲畜，敌人主力部队还没有来到，而使部分兵力进逼我方城下，导致我军上下恐惧不安，应该怎么办？"

太公说："这时就应该仔细观察情况，乘敌军还没有全部到来的时候，就命军队做好准备，严阵以待。在距离城池四里的地方筑营垒，金鼓陈列起来，旌旗也悬挂起来，另派一队为伏兵；命令在营垒上布置大量的弓箭手，相距一百步就设一个暗门，门前设置行马，车骑安排在外面，勇敢有力的精锐兵士隐蔽埋伏在那里。敌军如果到来，命令我军轻装兵士和敌军交战，然后假装战败逃走。命令军队在城上树立旌旗，擂响鼙鼓，做好防守准备。敌军认为我军在守城，必定迫近城下。这时发动我军的伏兵，来进攻敌军内部，有的袭击敌军外围。全军一起快速作战，有的袭击敌军前方，有的袭击敌军后方。敌军中勇敢的来不及战斗，轻快的也来不及逃走。这种作战方法叫做'突战'。即使敌军人数众多，敌军将领也会败逃。"

武王说："讲得真好啊！"

敌强第四十五

【注释】
①冲军：先锋部队，担负突然袭击的任务。
②炬火：火炬，火把。
③微号：微，暗。暗号。

【原文】

武王问太公曰："引兵深入诸侯之地，与敌人冲军相当①，敌众我寡，敌强我弱，敌人夜来，或攻吾左，或攻吾右，三军震动。吾欲以战则胜，以守则固，为之奈何？"

太公曰："如此者，谓之震寇。利以出战，不可以守。选吾材士强弩，车骑为之左右，疾击其前，急攻其后，或击其表，或击其里，其卒必乱，其将必骇。"

武王曰："敌人远遮我前，急攻我后，断我锐兵，绝我材士，吾内外不得相闻，三军扰乱，皆散而走，士卒无斗志，将吏无守心，为之奈何？"

太公曰："明哉！王之问也。当明号审令，出我勇锐冒将之士，人操炬火②，二人同鼓，必知敌人所在。或击其表，或击其里，微号相知③，令之灭火，鼓音皆止，中外相应，期约皆当，三军疾战，敌必败亡。"

武王曰："善哉！"

【译文】

武王问太公说："率军深入到敌国境内，遭遇敌军的突击部队，敌众我寡，敌强我弱，敌军夜晚来袭击，有的袭击我军左翼，有的袭击我军右翼，我军震惊。我想要进攻并且取胜，防御并且牢固，应该怎么办？"

太公说："这样的敌军，称为'震寇'。出战对我军有利，不能防守。选拔我军中有本领的兵士和弓箭手，派车骑在左右掩护，快速袭击敌军前方，迅速袭击敌军后方，有的袭击敌军外围，有的袭击敌军内部，敌军兵士必将混乱，将领必然惊骇。"

武王又问："如果敌军在远处阻击我军前方，迅速地袭击我军后方，阻断我军精锐兵士，阻挡我军支援的材士，我军内外无法联系，全军一片混乱，都四下逃散，兵士没有斗志，将领没有心思防守，应该怎么办？"

太公说："你问的问题真高明啊！应当明审号令，派出我军中勇猛精锐的兵士，每人都手持火炬，两个人擂一面战鼓，必须探知敌军所在的位置。有的袭击敌军的外围，有的袭击敌军的内部，并按照约定暗号接上头，然后就命令他们熄灭火炬，停止擂鼓，然后里应外合，约定的行动都进行得得当，全军快速作战，敌军必然败亡。"

武王说："说得真好啊！"

敌武第四十六

【注释】

①卒：通"猝"。仓促，突然。

②善：擅长用兵。

③整治：严整，整饬。

④不敢当：无力抵挡。

【原文】

武王问太公曰："引兵深入诸侯之地，卒遇敌人①，甚众且武，武车骁骑绕我左右，吾三军皆震，走不可止，为之奈何？"

太公曰："如此者，谓之'败兵'。善者以胜②，不善者以亡。"

武王曰："为之奈何？"

太公曰："伏我材士强弩，武车骁骑为之左右，常去前后三里，敌人逐我，发我车骑，冲其左右。如此，则敌人扰乱，吾走者自止。"

武王曰："敌人与我车骑相当，敌众我少，敌强我弱，其来整治精锐③，吾陈不敢当④，为之奈何？"

太公曰："选我材士强弩，伏于左右，车骑坚陈而处。敌人过我伏兵，积弩射其左右，车骑锐兵，疾击其军，或击其前，或击其后，敌人虽众，其将必走。"

武王曰："善哉！"

【译文】

武王问太公说："率军深入到敌国境内，突然遭遇敌军，敌军为数众多而且善战，并用武冲战车和骁勇的骑兵从左右两侧包围我军，我军都震惊，四散逃跑不可遏止，这该怎么办？"

太公说："这样的军队，称为'败兵'。善于用兵的人，能够取胜；不善用兵的人，可能败亡。"

武王又问："这该怎么办？"

太公说："应命令我军有才能的兵士和弓箭手设下埋伏，派武冲战车和骁勇的骑兵在左右两侧掩护，一般在距离我军前后三里地的地方设伏。如果敌军追击我军，派我军的战车和骑兵，袭击敌军左右两侧。这样一来，敌军就会混乱，我军逃跑的兵士就会停下来。"

武王又问："敌军和我军的战车、骑兵相遇，敌众我寡，敌强我弱，前来进攻的敌军整齐精锐，我军军阵不敢与之相抗，应该怎么办？"

太公说："应选拔我军中有才能的兵士和弓箭手，埋伏在左右两侧，命令战车和骑兵布成坚固的阵形防守。当敌人通过我军的埋伏时，集中强弩袭击敌军的左右两侧，派战车、骑兵与精锐兵士快速袭击敌军，有的袭击敌军的前方，有的袭击敌军的后方。虽然敌人为数众多，将帅也必定会败逃。"

武王说："说得真好啊！"

鸟云山兵第四十七

【注释】

①磐石：大而安稳的山石。

②亭亭：高高耸立的样子。

③栖：鸟类停留、歇宿。这里指被山下的敌人围困在山上。

④屯：屯兵，驻扎。

⑤备：设防。

⑥陵：登上，逾越。

【原文】

武王问太公曰："引兵深入诸侯之地，遇高山磐石①，其上亭亭②，无有草木，四面受敌，吾三军恐惧，士卒迷惑。吾欲以守则固，以战则胜，为之奈何？"

太公曰："凡三军处山之高，则为敌所栖③；处山之下，则为敌所因。既以被山而处，必为鸟云之陈。鸟云之陈，阴阳皆备。或屯其阴④，或屯其阳。处山之阳，备山之阴⑤；处山之阴，备山之阳；处山之左，备山之右；处山之右，备山之左。其山敌所能陵者⑥，兵备其表，衢道通谷，绝以武车，高置旌旗，谨敕三军，无使敌人知吾之情，是谓山城。行列已定，士卒已陈，法令已行，奇正已设，各置冲陈于山之表，便兵所处，乃分车骑为鸟云之陈。三军疾战，敌人虽众，其将可擒。"

【译文】

武王问太公说："率军深入到敌国境内，遭遇高山巨石，巨石耸立，没有草木，四面受敌。我全军恐惧，兵士困惑不知所措。我想要防守就能牢固，交战就能取胜，应该怎么办？"

太公说："大凡把军队驻扎在山顶之上，就会被敌人在山下围困，孤立栖居在山顶上；大凡把军队驻扎在山下，就会被敌人围困就像被囚禁一样。既然驻扎在山里，就必须把军队布成鸟云阵。所谓鸟云阵，就是山的北面、南面、左面、右面都要戒备。军队或者驻扎在山的北面，或者驻扎在山的南面。驻扎在山的南面，就要戒备山的北面；驻扎在山的北面，就要戒备山的南面；驻扎在山的左面，就要戒备山的右面；驻扎在山的右面，就要戒备山的左面。只要是所在山里敌人所能攀登上来的地方，都要派兵在外面戒备，交通要道和通行山谷，用战车

阻绝，高高地悬挂旌旗，谨慎地告诫全军，不要让敌人侦察到
我军的情况，称之为山城。军队的行列已经安排好，兵士已经
布好阵，法令已经施行，战术和正面作战的谋略已经确定，都
在山上布成冲阵。在有利于我军作战的地方，分别把战车和骑
兵布成鸟云阵。全军快速作战，敌军即使为数众多，也能够擒
获敌军将领。"

鸟云泽兵第四十八

【注释】

①斥卤之地：盐碱地。斥，土地含有过多盐碱。

②刍牧：刍，原意是喂牲口的草，这里引申为用草料喂牲口。牧，放牧。

③索便：求取寻找有利的时机。

④金玉：金钱和宝玉。

【原文】

武王问太公曰："引兵深入诸侯之地，与敌人临水相拒，敌富而众，我贫而寡，逾水击之则不能前，欲久其日则粮食少。吾居斥卤之地①，四旁无邑，又无草木，三军无所掠取，牛马无所刍牧②，为之奈何？"

太公曰："三军无备，牛马无食，士卒无粮，如此者，索便诈敌而亟去之③，设伏兵于后。"

武王曰："敌不可得而诈，吾士卒迷惑，敌人越我前后，吾三军败乱而走，为之奈何？"

太公曰："求途之道，金玉为主④，必因敌使，精微为宝。"

武王曰："敌人知我伏兵，大军不肯济。别将分队以逾于水，吾三军大恐，为之奈何？"

太公曰："如此者，分为冲陈，便兵所处，须其毕出，发我伏兵，疾击其后；强弩两旁，射其左右。车骑分为鸟云之陈，备其前后，三军疾战。敌人见我战合，其大军必济水而来，发我伏兵，疾击其后，车骑冲其左右，敌人虽众，其将可走。凡用兵之大要，当敌临战，必置冲陈，便兵所处，然后以车骑分为鸟云之陈，此用兵之奇也。所谓鸟云者，鸟散而云合，变化无穷者也。"

武王曰："善哉！"

【译文】

武王问太公说："率军深入到敌国境内，和敌军在河两岸夹河对峙，敌军粮草充足为数众多，我军粮草缺乏人数也少，过河袭击敌军，却无法向前；想要拖延时日却粮草缺乏。而且我军驻扎在荒芜的盐碱地上，四周没有城邑，也没有草木，军队没有什么可以掠取，马匹也没有地方可以放牧，应该怎么办？"

太公说："军队没有军备，马匹没有草料，兵士没有粮食，这种情况下，应当找个有利时机，欺骗敌人快速离开这里，并在后面埋下伏兵。"

武王说："如果敌军欺骗不了，我军兵士迷惑，敌军超过我军前后，我全军溃败逃跑，这该怎么办？"

太公说："寻求出路的方法，就是将金玉财宝暴露于敌，引诱其前来掠夺，同时要贿赂敌军的使者，这些都必须精密细致不让敌方觉察。"

武王说："敌人已经侦察到我军伏兵，大军不愿过河攻我，另外派一个分队过河攻我，我全军大为惊恐，对此应该怎么办？"

太公说："这种情况下，我军要布下冲阵，在有利于我军作战的地方，必须等到敌军全部渡过河，出动我军伏兵，从敌军后面快速袭击，弓箭手从两旁射击敌人的两侧。把战车和骑兵布成鸟云阵，在前后戒备，命令全军快速作战。敌人发现我军与他的分队交战，敌人大军必定会渡河过来，这时出动我军伏兵，快速袭击敌军后面，派战车和骑兵冲击敌军两侧，敌军虽然为数众多，将领也必然败逃。大凡用兵的关键是，当与敌军对阵作战时，必须布成冲阵，在有利于我军作战的地方，然后把战车和骑兵布成鸟云阵，这是用兵出奇制胜的方法。所谓鸟云，就如同鸟散云合，变化无穷。"

武王说："说得好啊！"

少众第四十九

【注释】

① 与：帮助。

② 荧惑：迷惑。荧，使人目眩。

③ 币：泛指用作礼物的车、马、皮、帛、玉器等。

【原文】

武王问太公曰："吾欲以少击众，以弱击强，为之奈何？"

太公曰："以少击众者，必以日之暮，伏于深草，要之隘路；以弱击强者，必得大国之与①，邻国之助。"

武王曰："我无深草，又无隘路，敌人已至，不适日暮；我无大国之与，又无邻国之助，为之奈何？"

太公曰："妄张诈诱，以荧惑其将②，迂其道，令过深草，远其路，令会日暮，前行未渡水，后行未及舍。发我伏兵，疾击其左右，车骑扰乱其前后，敌人虽众，其将可走。事大国之君，下邻国之士，厚其币③，卑其辞。如此，则得大国之与，邻国之助矣。"

武王曰："善哉！"

【译文】

武王问太公说："我想要以少击多，以弱击强，应该怎么办？"

太公说："以少击多，必须在黄昏的时候，在深草中设下埋伏，在险要的地形袭击敌军；以弱击强，必须有大国的支持和邻国的帮助。"

武王说："如果我军没有深草地带可供设伏，也没有险要的地形可供利用，敌军来进攻的时候也不是在黄昏时分；我军现没有大国的支持，也没有邻国的帮助，应该怎么办？"

太公说："应当用虚张声势、欺诈引诱的方法来迷惑敌军将领，引诱敌军绕道行进，让敌军经过长有深草地方；引诱敌军走远路，让敌军拖到黄昏时分。在敌军先头部队还没有渡过河，后续部队还没有来得及宿营时，出动我军伏兵，快速袭击敌军左右两侧，命令战车和骑兵扰乱敌军前后，虽然敌人为数众多，将帅也必定会败逃。侍奉大国的国君，礼待邻国的贤士，多给予财物，言辞谦卑，这样就会得到大国的支持，邻国的帮助了。"

武王说："说得真好啊！"

分险第五十

【原文】

武王问太公曰："引兵深入诸侯之地，与敌人相遇于险阨之中①，吾左山而右水，敌右山而左水，与我分险相拒，各欲以守则固，以战则胜，为之奈何？"

太公曰："处山之左，急备山之右；处山之右，急备山之左。险有大水无舟楫者，以天潢济吾三军。已济者，亟广吾道，以便战所。以武冲为前后，列其强弩，令行陈皆固。衢道谷口，以武冲绝之，高置旌旗，是谓车城②。凡险战之法③，以武冲为前，大橹为卫④，材士强弩翼吾左右。三千人为屯，必置冲陈，便兵所处。左军以左，右军以右，中军以中，并攻而前。已战者还归屯所，更战更息，必胜乃已。"

武王曰："善哉！"

【注释】

①阨：指两边高峻的狭窄的地形，或指险要的地方。

②车城：用战车连接起来构成的营垒。

③险战：险隘地带的战斗。

④大橹(lǔ)：大盾牌。

【译文】

武王问太公说："率军深入到敌国境内，与敌人在险要阻厄的地方遭遇，我军处在左边是山右边是水的地形中，敌军处在右边是山左边是水的地形中，和我军各据险要对峙。两军都想防守牢固，作战得胜，应该怎么办？"

太公说："我军处在山的左边，应迅速戒备山的右边；处在山的右边，应迅速戒备山的左边。地势险要并且有大河阻挡，如果没有渡船，就应用天潢使我军渡过河去。已经渡过河的兵士，要快速开辟道路，创造有利于我军作战的地形。用武冲战车掩护我军前后，布下弓箭手，以使我军军阵牢固。交通要道和山谷的出入口，用武冲战车阻绝，高高悬挂旌旗，这就构成了一座'车城'。大凡险要地势的作战方法是，让武冲战车在前面，用大盾牌来防卫，派有本领的兵士和弓箭手掩护我军左右两侧。每三千人编为一屯，布成冲阵，布在有利于我军作战的地方。左路军攻打敌军左路，右路军攻打敌军右路，中路军攻打敌军中路，全军协同作战，向前推进。已经作战的兵士退回到驻扎的地方休息，轮流上阵，轮流休息，一直到取得最终胜利方可停止。"

武王说："讲得好啊！"

卷六　犬韬

　　"凡用兵之法，三军之众，必有分合之变。其大将先定战地、战日，然后移檄书与诸将吏，期攻城围邑，各会其所，明告战日。漏刻有时，大将设营布陈，立表辕门，清道而待。"

分合第五十一

【注释】

①期会合战：约好时间和地点进行会战。

②誓：军队出征前告诫将士，表示决心。

③檄（xí）书：古代官方用来征召、晓谕、声讨的文书。

④漏刻：漏，古代的计时器。刻，漏壶上的刻度。

⑤表：日晷，测日影的仪表。辕门：军营的大门。

【原文】

武王问太公曰："王者帅师，三军分为数处，将欲期会合战①，约誓赏罚②，为之奈何？"

太公曰："凡用兵之法，三军之众，必有分合之变。其大将先定战地、战日，然后移檄书与诸将吏③，期攻城围邑，各会其所，明告战日。漏刻有时④，大将设营布陈，立表辕门⑤，清道而待。诸将吏至者，校其先后，先期至者赏，后期至者斩。如此，则远近奔集，三军俱至，并力合战。"

【译文】

武王问太公说："君王率领军队，全军分别驻扎在几个地方，将领想要按照约定的时间集合军队会战，并向军队明确赏罚，应该怎么办？"

太公说："大凡用兵的方法，全军为数众多，必然会有分散兵力和集中兵力的变化。军队的主将首先要确定作战的地点和时间，然后向各将领传达作战文书，明确要围攻的城邑和各部分会合的地点，明确作战的时间。用漏刻来对准时间，主将要在会合地点布置营垒，布下军阵，在营门设立标杆计算时间，清理道路，等待各部将前来会合。各部将前来会合，核查他们到达的先后时间，提前到达的要奖赏，迟到的要斩首示众。这样一来，无论远近，各部分都奔跑着前来会合，全军都到达后，就可以集中力量与敌交战了。"

武锋第五十二

【注释】
①选锋：精挑细选出来的先锋部队，用于突击敌人。
②审：认真、仔细。变：变化，改变。这里指敌人在行军过程中所处的状态。

【原文】

武王问太公曰："凡用兵之要，必有武车骁骑，驰陈选锋①，见可则击之，如何则可击？"

太公曰："夫欲击者，当审察敌人十四变②。变见则击之，敌人必败。"

武王曰："十四变可得闻乎？"

太公曰："敌人新集可击，人马未食可击，天时不顺可击，地形未得可击，奔走可击，不戒可击，疲劳可击，将离士卒可击，涉长路可击，济水可击，不暇可击，阻难狭路可击，乱行可击，心怖可击。"

【译文】

武王问太公说："大凡用兵的关键，必须要有有威力的战车、骁勇的骑兵、冲锋陷阵的精锐先锋队，发现有可以攻击的有利战机就发起攻击，那么，什么样的战机可以攻击呢？"

太公说："要攻击敌人，应仔细侦察敌军的十四种变化状态。这些变化状态一出现，就可以攻击，敌人必定溃败。"

武王说："您能讲讲这十四种变化状态吗？"

太公说："敌军刚集结时可以攻击，敌军没有吃饭、马匹没有吃草料时可以攻击，气候对敌军不利时可以攻击，敌军还没有占据有利地形时可以攻击，正在奔跑赶路时可以攻击，没有戒备时可以攻击，疲劳时可以攻击，将领离开兵士时可以攻击，正在长途跋涉时可以攻击，正在渡河时可以攻击，正忙乱无暇时可以攻击，正在通过险要狭路时可以攻击，军阵不整时可以攻击，兵士惊恐时可以攻击。"

练士第五十三

【注释】

①练：通"拣"。选择，选拔。

②卒：古代军队的一级编制，一百人为一卒。

③拔距、伸钩：分别是古代训练兵士的方法。拔距，是一种锻炼臂力的方法。伸钩，把铁钩伸直，也是一种锻炼臂力的方法。强梁：强悍。

④赘婿：按照正常的情况是女子嫁到男方家里成婚，赘婿就是男子到女方家里成婚。这在古代被认为是一种蔑视和耻辱。

⑤胥靡：古代服劳役的罪人。

【原文】

武王问太公曰："练士之道奈何①？"

太公曰："军中有大勇、敢死、乐伤者，聚为一卒②，名曰冒刃之士。有锐气、壮勇、强暴者，聚为一卒，名曰陷陈之士。有奇表、长剑、接武齐列者，聚为一卒，名曰勇锐之士。有拔距、伸钩、强梁多力③，溃破金鼓，绝灭旌旗者，聚为一卒，名曰勇力之士。有逾高绝远，轻足善走者，聚为一卒，名曰寇兵之士。有王臣失势，欲复见功者，聚为一卒，名曰死斗之士。有死将之人子弟，欲与其将报仇者，聚为一卒，名曰敢死之士。有赘婿、人虏④，欲掩迹扬名者，聚为一卒，名曰励钝之士。有贫穷愤怒、欲快其心者，聚为一卒，名曰必死之士。有胥靡免罪之人⑤，欲逃其耻者，聚为一卒，名曰幸用之士。有材技兼人，能负重致远者，聚为一卒，名曰待命之士。此军之练士，不可不察也。"

【译文】

武王问太公说："选编兵士的方法是什么？"

太公说："军队里有非常勇敢、不怕阵亡、不怕负伤的兵士，编成一队，叫做冒刃之士。有富有锐气、强壮勇敢、强悍凶暴的，编成一队，叫做陷阵之士。有外表奇异、擅长用剑、步伐有力、动作一致的，编成一队，叫做勇锐之士。有臂力过人足以拔距伸钩、强壮有力、能冲进敌阵破坏金鼓、毁坏敌军旌旗的，编成一队，叫做勇力之士。有逾越高处、行走远路、步伐敏捷、擅长奔跑的，编成一队，叫做寇兵之士。有失去势力的贵族、想要重新建立功勋的，编成一队，叫做死斗之士。有阵亡将领的子弟、想要为他报仇的，编成一队，叫做敢死之士。有入赘当女婿和曾经是俘虏、想要掩盖过去的经历来扬名的，编成一队，叫做励钝之士。有家里贫穷愤怒不满、想要立功得到赏赐来大快心意的，编成一队，叫做必死之士；有刑徒免罪、想要洗刷自身耻辱的人，编成一队，叫做幸用之士；有技艺过人、能够担当重任、到达远方的，编成一队，叫做待命之士。这是军队选编兵士的方法，不能不加以详察。"

教战第五十四

【注释】

①练士：成为熟练善战的兵士。

②教战：训练教导兵士作战。

③金鼓之节：金鼓，打仗时用于指挥进退的军鼓和铜锣。节，控制，指挥。

④起居：军事训练中的前进和停止。

⑤指麾：即指挥。变法：变化的方法。

【原文】

武王问太公曰："合三军之众，欲令士卒练士①，教战之道奈何②？"

太公曰："凡领三军，有金鼓之节③，所以整齐士众者也。将必先明告吏士，申之以三令，以教操兵起居④、旌旗指麾之变法⑤。故教吏士，使一人学战，教成，合之十人；十人学战，教成，合之百人；百人学战，教成，合之千人；千人学战，教成，合之万人；万人学战，教成，合之三军之众；大战之法，教成，合之百万之众。故能成其大兵，立威于天下。"

武王曰："善哉！"

【译文】

武王问太公说："集合全军将士，想要让兵士成为技能熟练的兵士，训练方法是什么？"

太公说："大凡率领军队，要用鸣金擂鼓的方法来指挥，用它来使兵士的行动整齐一致。将帅必须首先明确告知将士，还要多次重申，来训练兵士使用兵器和前进停止，以及在旌旗指挥下行动变化的方法。所以，训练将士，先单独训练作战方法，单独训练完成后，再十人一组一起训练；十人一起训练作战方法，训练完成后，再百人一起训练；百人一起训练作战方法，训练完成后，再千人一起训练；千人一起训练作战方法，训练完成后，再万人一起训练；万人一起训练作战方法，训练完成后，再全军一起训练；全军训练作战方法，训练完成后，再让百万大军一起训练。因此就能练成威力强大的军队，扬威天下。"

武王说："说得真好啊！"

均兵第五十五

武王问太公曰："以车与步卒战，一车当几步卒^①？几步卒当一车？以骑与步卒战，一骑当几步卒？几步卒当一骑？以车与骑战，一车当几骑？几骑当一车？"

太公曰："车者，军之羽翼也^②，所以陷坚陈，要强敌，遮走北也。骑者，军之伺候也^③，所以踵败军^④。绝粮道，击便寇也^⑤。故车骑不敌战，则一骑不能当步卒一人。三军之众，成陈而相当，则易战之法^⑥：一车当步卒八十人，八十人当一车；一骑当步卒八人，八人当一骑；一车当十骑，十骑当一车。险战之法^⑦：一车当步卒四十人，四十人当一车；一骑当步卒四人，四人当一骑；一车当六骑，六骑当一车。夫车骑者，军之武兵也。十乘败千人，百乘败万人；十骑败百人，百骑走千人。此其大数也^⑧。"

武王曰："车骑之吏数、陈法奈何？"

太公曰："置车之吏数，五车一长，十车一吏，五十车一率，百车一将。易战之法：五车为列，相去四十步，左右十步，队间六十步。险战之法：车必循道，十车为聚，二十车为屯，前后相去二十步，左右六步，队间三十六步；五车一长，纵横相去二里，各返故道。置骑之吏数：五骑一长，十骑一吏，百骑一率，二百骑一将。易战之法：五骑为列，前后相去二十步，左右四步，队间五十步。险战者：前后相去十步，左右二步，队间二十五步。三十骑为一屯，六十骑为一辈。十骑一吏，纵横相去百步，周环各复故处^⑨。"

武王曰："善哉！"

①当：相抵，相当。

②羽翼：鸟类的翅膀，这里喻指军队的侧面力量。

③伺候：伺机窥探。

④踵：跟随。这里指追击溃败而逃跑的敌军。

⑤便寇：流动灵活作战的敌人。

⑥易战：在平易地形上进行的战斗。

⑦险战：在险要地形上进行的战斗。

⑧大数：大概的数目。

⑨周环："旋"周旋。环，通。

【译文】

武王问太公说："用车兵和步兵作战，一个车兵能抵几个步兵？几个步兵能抵一个车兵？用骑兵和步兵作战，一个骑兵能抵几个步兵？几个步兵能抵一个骑兵？用车兵和骑兵作战，一个车兵能抵几个骑兵？几个骑兵能抵一个车兵？"

太公说："战车是军队的双翼，用于攻陷敌军坚固的军阵，截击强劲的敌军，断绝敌军的退路。骑兵是军队的眼睛，用于跟踪败逃的敌军，切断敌军的粮道，攻击流窜作战的敌人。所以，车兵和骑兵在作战中使用不当的话，一个骑兵不能抵挡一个步兵。全军兵士布成阵，三个兵种相互配合，在平易的地方交战标准就是：一辆战车足以抵挡八十个步兵，八十个步兵可当一辆战车；一个骑兵足以抵挡八个步兵，八个步兵可以当一个骑兵；一辆战车足以抵挡十个骑兵，十个骑兵可以当一辆战车。在险要的地方作战的标准是：一辆战车足以抵挡四十个步兵，四十个步兵可当一辆战车；一个骑兵足以抵挡四个步兵，四个步兵可以当一个骑兵；一辆战车足以抵挡六个骑兵，六个骑兵可以当一辆战车。车兵和骑兵，是军队中最有战斗力的兵种。十辆战车能打败一千个敌人，一百辆战车能打败一万个敌人；十个骑兵能打败一百个敌人，一百个骑兵能打败一千个敌人。以上这些都是大概的数字。"

武王又问道："车兵和骑兵的军官人数和作战阵法是怎样的？"

太公说："车兵的军官人数，应当五辆战车设一长，十辆战车设一吏，五十辆战车设一率，一百辆战车设一将。在平易地形的作战方法是：五辆战车为一列，两列之间相距四十步，两辆左右相距十步，两队之间相距六十步。在险要地形的作战方法是：战车必须沿着道路行进，十辆战车是一聚，二十辆战车是一屯，两车前后相距二十步，左右相距六步，两队之间前后相距三十六步。五辆战车设一长，纵向横向各相距二里，返回时还要沿着原来的道路。骑兵的军官人数是：五个骑兵设一长，十个骑兵设一吏，一百个骑兵设一率，二百个骑兵设一将。在平易地形的作战方法是：五骑为一列，两列前后相距二十步，两骑左右相距四步，两队之间相距五十步。在险要地形的作战方法是：两列前后相距十步，左右相距两步，两队之间相距二十五步。三十个骑兵是一屯，六十个骑兵是一辈。十个骑兵设一吏，纵向横向相距都是一百步，交战结束返回原来所在的位置。"

武王说："讲得真好啊！"

武车士第五十六

【注释】

①周旋：在各个方向上和敌人作战。

②缚束：捆绑。此处引申为攀举旌旗。

③彀八石弩：张满需要八石的力量才能张满的弓弩。

【原文】

武王问太公曰："选车士奈何？"

太公曰："选车士之法：取年四十已下，长七尺五寸已上，走能逐奔马，及驰而乘之，前后、左右、上下周旋①，能缚束旌旗②，力能彀八石弩③，射前后左右，皆便习者，名曰武车之士，不可不厚也。"

【译文】

武王问太公说："如何选拔车上的武士？"

太公说："选拔车上武士的标准是：要选取年龄在四十岁以下，身高在七尺五寸以上，奔跑速度能够追上奔跑的马，能跳上奔驰的战车，在战车上能前后、左右、上下周旋作战，能够执掌旌旗，力量足以拉开八石的弓弩，能熟练地向前后左右各个方向射箭的人。这样的人名为武车士，他们的待遇不可不优厚。"

武骑士第五十七

【原文】

武王问太公曰:"选骑士奈何?"

太公曰:"选骑士之法:取年四十已下,长七尺五寸已上,壮健捷疾,超绝伦等①,能驰骑彀射②,前后左右,周旋进退,越沟堑,登丘陵,冒险阻,绝大泽,驰强敌③,乱大众者,名曰武骑之士,不可不厚也。"

【注释】

①超绝伦等:有特殊的本领,远远超过普通的人。

②驰骑彀射:骑马奔驰,张满弓箭射击。

③驰:追赶,追逐。

【译文】

武王问太公说:"如何选拔骑兵?"

太公说:"选拔骑士的标准是:选取年龄在四十岁以下,身高在七尺五寸以上,健壮敏捷,超过常人,能骑马奔驰并能在马上射箭,能前后左右周旋进退,能骑马跳越沟堑,登上丘陵,冲过险阻,横渡大河,敢于追击强敌,能扰乱众多敌人的人。这样的人名为武骑士,不能不厚待他们。"

战车第五十八

【注释】

①别径奇道：其他的道路和捷径。

②圮（pǐ）下渐泽：坍塌的道路、积水的洼地。圮，道路坍塌。粘埴：黏土。

③上陵仰阪：爬上土山和陡坡。

④殷草：茂盛的草木。

⑤拂：违逆。

⑥围周：指四面重重包围。

【原文】

武王问太公曰："战车奈何？"

太公曰："步贵知变动，车贵知地形，骑贵知别径奇道①，三军同名而异用也。凡车之死地有十，其胜地有八。"

武王曰："十死之地奈何？"

太公曰："往而无以还者，车之死地也。越绝险阻，乘敌远行者，车之竭地也。前易后险者，车之困地也。陷之险阻而难出者，车之绝地也。圮下渐泽、黑土粘埴者②，车之劳地也一。左险右易，上陵仰阪者③，车之逆地也。殷草横亩④，犯历深泽者，车之拂地也⑤。车少地易，与步不敌者，车之败地也。后有沟渎，左有深水，右有峻阪者，车之坏地也；日夜霖雨，旬日不止，道路溃陷，前不能进，后不能解者，车之陷地也。此十者，车之死地也。故拙将之所以见擒，明将之所以能避也。"

武王曰："八胜之地奈何？"

太公曰："敌之前后，行陈未定，即陷之。旌旗扰乱，人马数动，即陷之。士卒或前或后，或左或右，即陷之。陈不坚固，士卒前后相顾，即陷之。前往而疑，后恐而怯，即陷之。三军卒惊，皆薄而起，即陷之。战于易地，暮不能解，即陷之。远行而暮舍，三军恐惧，即陷之。此八者，车之胜地也。将明于十害、八胜，敌虽围周⑥，千乘万骑，前驱旁驰，万战必胜。"

武王曰："善哉！"

【译文】

武王问太公说："怎样用战车来作战？"

太公说："步兵贵在了解战况的变动，车兵贵在了解地形，骑兵贵在了解其他的道路和捷径。步兵、车兵、骑兵都是兵士，但起的作用不同。大凡战车在作战中有十种绝死的地形，有八种取胜的情况。"

武王说："十种绝死的地形是怎样的？"

太公说："只可以前进但无法返回的，是战车的死地。越过险阻，远距离追击，是战车的竭地。前方地形平易，后面险阻，是战车的困地。陷在险阻中却无法出来，是战车的绝地。道路滑坡、洼地有积水、黑土黏泥，是战车的劳地。左侧险要右侧平易，后仰向上爬坡的，是战车的逆地。杂草丛生，渡过深河，是战车的拂地。战车少，地形平易，和步兵配合不好，是战车的败地。后面是沟渠，左侧是深河，右侧是险峻的山坡，是战车的坏地。日夜下大雨，超过十天还不停，道路溃陷，前不能进，后不能退的，是战车的陷地。这十种地形是战车的死地。笨拙的将领因为不明白它的危害而被擒，明智的将领因为了解它，所以能避开十种死地而取胜。"

武王又问："八种取胜的情况是怎样的？"

太公说："敌军的前后行阵还没有布好，这时马上用战车攻陷它。敌军旌旗扰乱，人马数次变动，这时马上用战车攻陷它。敌军兵士有的前进，有的后退，有的向左，有的向右，这时立刻用战车攻陷它。敌军军阵不牢固，兵士前后观看，这时立刻用战车攻陷它。敌军前进时有疑虑，后退时惊恐胆怯，这时立刻用战车攻陷它。敌全军突然受惊，都相互起哄，这时立刻用战车攻陷它。在平易地形上和敌军交战，到日暮时分还不能打败它，这时立刻用战车攻陷它。敌军远途行军，到了天黑才宿营，全军恐惧，这时立刻用战车攻陷它。这八种情形是战车取胜的情况。将帅明白这十种绝死地形和八种取胜情况，即使敌军包围我军，千乘万骑攻击我军，从两旁向前突击，我们也能够从容应对，每次作战都必定取胜。"

武王说："说得真好啊！"

战骑第五十九

【注释】

①不斗：士气低落，不想战斗。

②猎：猎袭，袭击。

③天井：四周地势高，中间地势低的地形。

④地穴：地面下陷，类似于天井的地形。

⑤污下沮泽：污，通"洼"。沮泽，水草丛生的沼泽地。

⑥渐洳：低洼潮湿的地带。

⑦坑阜：有洼陷又有突起的地形。

⑧暗将：与前文的"明将"相对，指头脑糊涂、不懂战争规律的将领。

【原文】

武王问太公曰："战骑奈何？"

太公曰："骑有'十胜''九败'。"

武王曰："'十胜'奈何？"

太公曰："敌人始至，行陈未定，前后不属，陷其前骑，击其左右，敌人必走。敌人行陈整齐坚固，士卒欲斗，吾骑翼而勿去，或驰而往，或驰而来，其疾如风，其暴如雷，白昼如昏，数更旌旗，变易衣服，其军可克。敌人行陈不固，士卒不斗①，薄其前后，猎其左右②，翼而击之，敌人必惧。敌人暮欲归舍，三军恐骇，翼其两旁，疾击其后，薄其垒口，无使得入，敌人必败。敌人无险阻保固，深入长驱，绝其粮路，敌人必饥。地平而易，四面见敌，车骑陷之，敌人必乱。敌人奔走，士卒散乱，或翼其两旁，或掩其前后，其将可擒。敌人暮返，其兵甚众，其行陈必乱，令我骑十而为队，百而为屯；车五而为聚，十而为群，多设旌旗，杂以强弩，或击其两旁，或绝其前后，敌将可虏。此骑之'十胜'也。"

武王曰："'九败'奈何？"

太公曰："凡以骑陷敌，而不能破陈，敌人佯走，以车骑返击我后，此骑之败地也。追北逾险，长驱不止，敌人伏我两旁，又绝我后，此骑之围地也。往而无以返，入而无以出，是谓陷于'天井'③，顿于'地穴'④，此骑之死地也。所从入者隘，所从出者远，彼弱可以击我强，彼寡可以击我众，此骑之没地也。大涧深谷，翳茂林木，此骑之竭地也。左右有水，前有大阜，后有高山，三军战于两水之间，敌居表里，此骑之艰地也。敌人绝我粮道，往而无以返，此骑之困地也。污下沮泽⑤，进退渐洳⑥，此骑之患地也。左有深沟，右有坑阜⑦，高下如平地，进退诱敌，此骑之陷地也。此九者，骑之死地也。明将之所以远避，暗将之所以陷败也⑧。"

武王问太公说："怎样用骑兵作战？"

太公说："骑兵作战有'十胜'和'九败'。"

武王问："'十胜'是怎么回事？"

太公说："敌军刚刚来到，行阵还没有稳定下来，前后还没有连接好，立即用骑兵攻陷敌军的先头骑兵，攻击它的左右两侧，敌军必定会败逃。敌军行阵整齐坚固，兵士想要投入战斗，我军骑兵要攻击敌军左右两侧，不要离去，有的奔驰过去，有的奔驰过来，快速如风，猛烈如雷，从白天到黄昏，多次变换旌旗，变换衣服，敌军就必定能攻克。敌军行阵不牢固，兵士不想作战，用骑兵迫近它的前后，进击它的左右两侧，从两侧夹击它，敌军必定恐惧。敌军日暮时分回去宿营，全军惊骇，用骑兵夹击它的两侧，快速攻击它的后面，迫近它的营垒入口，不让他们进入，敌军必定溃败。敌军没有险阻地形来保证稳固，用骑兵深入长驱，切断它的粮道，敌军必定饥饿。敌军在平易的地形上，四面可攻击，用骑兵和战车攻陷它，敌军必定混乱。敌军逃跑，兵士散乱，用骑兵有的夹击它的两侧，有的进攻它的后面，可以擒获敌军将帅。敌军日暮时分返回营垒，兵士数量非常多，行阵必然混乱，把我军骑兵十人编为一队，一百人编为一屯；战车五辆编为一聚，十辆编为一群，多设旗帜，混编强弩，有的夹击它的两侧，有的堵截它的前后，敌军将帅就可以俘获。以上这些，就是骑兵作战的十种取胜之道。"

武王又问："所谓'九败'是怎么回事？"

太公说："大凡用骑兵攻陷敌军，但不能攻破敌阵，敌军假装逃跑，用战车和骑兵从后面攻击我军，这是骑兵的败地。追击败逃的敌人，越过险阻，长驱深入不停止，敌军埋伏在我军两旁，又切断了我军后路，这是骑兵的围地。前进了但无法返回，进入了但无法出来，这就陷进了天井，困顿在地穴，这是骑兵的死地。进入的地方狭隘，退出的道路遥远，敌军可以以较弱的兵力攻击我军较强的兵力，以较少的兵力攻击我军较多的兵力，这是骑兵的没地。大涧深谷，树木繁茂，这是骑兵的竭地。左边右边都有河水，前面有大山，后面有高山，全军在两条河之间和敌军交战，敌军依山靠水，这是骑兵的艰地。敌军切断了我军的粮道，可以前进但无法返回，这是骑兵的困地。洼地沼泽，进退都是泥淖的地方，这是骑兵的患地。左边有深沟，右边有深坑土山，从高处向下就像平地，进退都将诱使敌军来袭击我军，这是骑兵的陷地。以上这九种情形是骑兵的死地。明智的将领因此远远地避开，愚蠢的将领因此陷于失败。"

战步第六十

【注释】

①陈：通"阵"。

②匝后：环绕后面。

③命笼：关系到全军将士生命的防御工事。

④阑车：用来阻挡敌人的战车。阑：通"拦"。

⑤解：通"懈"。懈怠。

【原文】

武王问太公曰："步兵车骑战奈何？"

太公曰："步兵与车骑战者，必依丘陵险阻，长兵强弩居前，短兵弱弩居后，更发更止。敌之车骑，虽众而至，坚陈疾战，材士强弩，以备我后。"

武王曰："吾无丘陵，又无险阻，敌人之至，既众且武，车骑翼我两旁，猎我前后，吾三军恐怖，乱败而走，为之奈何？"

太公曰："令我士卒为行马、木蒺藜，置牛马队伍，为四武冲陈①。望敌车骑将来，均置蒺藜，掘地匝后②，广深五尺，名曰'命笼'③。人操行马进退，阑车以为垒④，推而前后，立而为屯，材士强弩，备我左右。然后令我三军，皆疾战而不解⑤。"

武王曰："善哉！"

【译文】

武王问太公说："怎样用步兵与战车、骑兵作战？"

太公说："步兵与战车、骑兵作战，必须依靠丘陵险阻，长兵器和威力大的弓弩在前面，短兵器和威力小的弓弩在后面，轮流作战和休息。敌军有大量的战车和骑兵到来，我军要坚守阵地，快速作战，派遣本领强的兵士和威力大的弓弩在后面戒备。"

武王又问："我军没有丘陵，也没有险阻可以依靠，敌军的兵力已到达，既众多又强大，战车和骑兵攻击我军两侧，冲击我军前后，因此我全军惊恐，溃败逃跑，这该怎么办？"

太公说："命令我军兵士制作行马和木蒺藜，把牛马集中编成一队，布成四武冲阵。看见敌军战车和骑兵将要到来，就把蒺藜均匀地放置在地上，绕后方挖掘壕沟，宽深都是五尺，名为'命笼'。步兵拿着行马进退，把战车连接起来作为营垒，推着前后移动就可作战，停下来就是营寨。派本领强的兵士和威力大的弓弩在左右两侧戒备。然后命令我全军都快速勇猛作战，不能懈怠。"

武王说："说得真好啊！"

三　　略

上 略

《三略》是中国古代第一部专讲战略的兵书，以论述政治战略为主，兼及军事战略。该书问世以来，受到历代政治家、兵家和学者的重视。

《上略》多处引用《军谶》上的话，详细地阐述了作为一个将领，用兵打仗的关键和方法。此书注重以礼和赏两个方面，来激励将士作战，把士兵当做一个个的"人"，而不是当做简单的作战工具，具有很高的人道主义精神。

【注释】

① 靡：否定词，相当于"无"。

② 咸：全，都。

【原文】

夫主将之法，务揽英雄之心，赏禄有功，通志于众。故与众同好靡不成①，与众同恶靡不倾。治国安家，得人也；亡国破家，失人也。含气之类，咸愿得其志②。

【译文】

统率将领的方法，在于收揽英雄的归心，赏赐有功之人爵位，让众人都明白自己的心意。因此能和众人目标相同，没有不成功的，和众人憎恶的目标相同，故人没有不失败的。治理国家安定家族，主要在于得到人；国破家亡，是由于失去了人。因为所有的人都愿意实现自己的志向。

【注释】

① 贼：祸害。

② 设：防备，戒备。

【原文】

《军谶》曰："柔能制刚，弱能制强。"柔者，德也；刚者，贼也①。弱者人之所助，强者怨之所攻。柔有所设②，刚有所施，弱有所用，强用所加。兼此四者而制其宜。

【译文】

《军谶》上说："柔能制伏刚，弱能制伏强。"柔，是一种美德；刚，是一种祸害。弱者，是人们救助的对象；强者，是人们怨恨的对象。柔而有所防备，刚而有所施舍，弱的时候加以运用，强的时候有所增益，把这四个方面结合起来，就能根据情况的变化运用得当。

【注释】

① 端：缘由，来由。末：树梢，末尾。

② 八极：八方极远之地，

【原文】

端末未见①，人莫能知。天地神明，与物推移，变动无常。因敌转化，不为事先，动而辄随。故能图制无疆，扶成天威，匡正八极②，密定九夷③。如此谋者，为帝王师。

【译文】

　　事物的本末没有显现出来的时候，常人是不会知道的。天地神明，通过万物的变化表现出来，事物是变化无常的。只能根据敌方的转化而改变，不要首先发乱，而要根据敌人的行动采取适宜的对策。这样才能图谋制胜，辅佐君主取得天下的霸业，一统天下，安定四方。这样谋划的人，可以成为帝王的老师。

【原文】

　　故曰：莫不贪强，鲜能守微^①，若能守微，乃保其生。圣人存之，动应事机。舒之弥四海，卷之不盈怀^②，居之不以室宅，守之不以城廓，藏之胸臆，而敌国服。

泛指天下。
③九夷：古代称东方的九种民族。亦指其所居之地。泛指少数民族。

【注释】
①鲜：少。
②盈：满。

【译文】

　　所以说：没有人不贪图强盛的，却很少有人能够掌握微小之处的道理。若是能够掌握微小之处的道理，就可以保身了。圣人掌握了这个道理，行动的时候就能抓住时机，舒展开来可以遍布四海，收拢起来却不满怀，不必用房舍来安置它，不必用城郭去守卫它，把它藏在自己的胸怀之中，就能使敌国臣服。

【原文】

　　《军谶》曰："能柔能刚，其国弥光^①；能弱能强，其国弥彰。纯柔纯弱，其国必削；纯刚纯强，其国必亡。"

【注释】
①弥：更加。

【译文】

　　《军谶》上说："能柔能刚，国家就会更加光大；能弱能强，国家就会更加彰显。单独用柔用弱，国家就会削弱；单独用刚用强，国家一定会灭亡。"

【原文】

　　夫为国之道，恃贤与民^①。信贤如腹心，使民如四肢，则策无遗。所适如支体相随，骨节相救，天道自然，其巧无间。

【注释】
①恃：凭借。

【译文】

　　治理国家的关键，在于依赖贤人和民众。信任贤士如同自己的心腹，使用民众就像自己的四肢一样，那么政令就不会有什么遗漏了。行动起来就会像四肢和躯干一样谐调，各个关节都相互照应，像天道的运行一样自然，没有一点人工的痕迹。

【注释】

①绥：安抚。

②娱：通"嬉"，玩乐，玩耍。

【原文】

　　军国之要，察众心，施百务。危者安之，惧者欢之，叛者还之，冤者原之，诉者察之，卑者贵之，强者抑之，敌者残之，贪者丰之，欲者使之，畏者隐之，谋者近之，谗者覆之，毁者复之，反者废之，横者挫之，满者损之，归者招之，服者居之，降者脱之。

　　获固守之，获阨塞之，获难屯之，获城割之，获地裂之，获财散之。

　　敌动伺之，敌近备之，敌强下之，敌佚去之，敌陵待之，敌暴绥之①，敌悖义之，敌睦携之，顺举挫之，因势破之，放言过之，四网罗之。

　　得而勿有，居而勿守，拔而勿久，立而勿取，为者则己，有者则士，焉知利之所在！彼为诸侯，己为天子，使城自保，令士自取。

　　世能祖祖，鲜能下下。祖祖为亲，下下为君。下下者，务耕桑不夺其时，薄（簿）赋敛不匮其财，罕徭役不使其劳，则国富而家娱②，然后选士以司牧之。夫所谓士者，英雄也。故曰：罗其英雄，则敌国穷。英雄者，国之干；庶民者，国之本。得其干，收其本，则政行而无怨。

【译文】

　　统军治国的关键，在于体察众人的心思，采取相应的措施。处境危险的使之安全，心怀恐惧的使之欢快，离叛的加以招抚，含冤受屈的要予以昭雪平反，上诉的要考察，地位卑贱的使他变得尊贵，强横不法的加以抑制，敌对的加以清除，贪婪的加以厚赏，有欲望的加以利用，怕人揭短的就予以隐讳，善于谋划的要接近，喜欢说谗言的弃而不用，受诋毁的要反复加以核实，凡是谋反的要予以铲除，骄横的挫其锋芒，自满的加以抑制，倾心归顺的加以招安，已被征服的加以安置，已经投降的加以开脱。

获得坚固的城池要加以守备，获得险恶的加以阻塞，获得了难攻的地方加以屯守，获得城池加以分赏，获得土地加以分封，获得财物加以赏赐。

敌人的行动要加以窥探，敌人靠近要加以戒备，敌人强大就卑而待之，敌人安逸就避开其兵锋，敌人来犯要严阵以待，敌人凶暴就更要安抚民众，敌人悖乱就伸张正义，敌人和睦就分化离间。顺应敌人的举措来打击它，根据情势的变化来破坏它，散布假情报造成它的过失，四面包围将它歼灭。

胜利了不将功劳归于自己，获得财物不要自己独占，攻打城池不能旷日持久，立其国的人为君不能取而代之。决策出于自己，功劳归于将士，须知这才是真正的利益所在啊！别人都是诸侯，自己才是天子，让各个城邑自我保护，让官吏贤士自行征收赋税。

世人能以礼来祭祀祖先，很少能爱护自己的民众。能够以礼来祭祀祖先是亲亲之道，能够爱护自己的民众是为君之道。爱护民众的君主，重视农桑，不违农时，轻徭薄赋，不夺民财，没有徭役，不让民众劳累。这样国家富有，民众安乐，然后选取贤士来管理他们。这里所说的士人，就是英雄。所以说：网罗了敌国的英雄，敌国就会陷入困境。英雄，那是国家的栋梁；民众，那是国家的根本。得到了它的栋梁，获取了根本，就能够政令畅通，民众毫无怨言。

【注释】

①重禄:厚俸,高薪。古代借指重臣。

②赡:供养,供给。

【原文】

夫用兵之要,在崇礼而重禄①。礼崇则智士至,禄重则义士轻死。故禄贤不爱财,赏功不逾时,则下力并而敌国削。夫用人之道,尊以爵,赡以财②,则士自来;接以礼,励以义,则士死之。

【译文】

用兵的关键,在于崇尚礼节和厚给俸禄。崇尚礼节,那智谋之士就会归附;厚给俸禄,那忠义之士就会视死如归。因此给予贤士俸禄时不应吝惜钱财,奖赏有功之臣时不能拖延时日。这样,部属们就会同仇敌忾,敌国就削弱了。用人之道,在于封赏爵位来尊崇他,给予厚禄来赡养他,贤士就会自动来归附;以礼相待,用大义来鼓励他,将士就会以死相报。

【注释】

①箪醪(dān láo):箪,竹制或苇制的圆形盛器。醪,带滓的米酒,醪糟。

②操:拿。

③张盖:撑伞。张,撑开。盖,雨伞。

【原文】

夫将帅者,必与士卒同滋味而共安危,敌乃可加,故兵有全胜,敌有全因。昔者良将之用兵,有馈箪醪者①,使投诸河,与士卒同流而饮。夫一箪之醪不能味一河之水,而三军之士思为致死者,以滋味之及己也。《军谶》曰:"军井未达,将不言渴;军幕未办,将不言倦;军灶未炊,将不言饥。冬不服裘,夏不操扇②,雨不张盖③。是谓将礼。与之安,与之危,故其众可合而不可离,可用而不可疲,以其恩素蓄,谋素和也。"故曰:蓄恩不倦,以一取万。

【译文】

将帅一定要与士卒同甘共苦,同生共死,才能和敌人作战。因此才会有全胜,敌人才有大败。从前的良将用兵,有人送给他一坛酒,他让人倒在河中,与士卒同流而饮。一坛酒不能使整条河水都有酒味,而三军将士都想以死相报,是因为将帅与自己同甘共苦。《军谶》上说:"军井没有打好,将帅不说口渴;帐篷没有搭好，将帅不说疲劳；饭菜没有烧好，将帅不说饥饿。冬天不穿裘衣，夏天不拿扇子，下雨不打伞。这就是做将帅的基本要求。与士卒同甘苦、共患难，因此军队才会万众一心，不可分离，南征北战而不感到疲劳。这是将帅平日里积蓄恩惠、上下一心的缘故。"所以说，不断地施恩惠于士卒，就可以赢得千万人的拥护。

【原文】

《军谶》曰："将之所以为威者，号令也；战之所以全胜者，军政也；士之所以轻战者，用命也。"故将无还令，赏罚必信，如天如地，乃可御人；士卒用命，乃可越境。

夫统军持势者，将也；制胜破敌者，众也。故乱将不可使保军，乖众不可使伐人。攻城则不拔，图邑则不废，二者无功，则士力疲弊。士力疲弊，则将孤众悖①，以守则不固，以战则奔北，是谓老兵。兵老则将威不行，将无威则士卒轻刑，士卒轻刑则军失伍，军失伍则士卒逃亡，士卒逃亡则敌乘利，敌乘利则军必丧。

《军谶》曰："良将之统军也，恕己而治人。推惠施恩，士力日新，战如风发，攻如河决。"故其众可望而不可当②，可下而不可胜。以身先人，故其兵为天下雄。

《军谶》曰："军以赏为表，以罚为里。"赏罚明，则将威行；官人得，则士卒服；所任贤，则敌国震。

《军谶》曰："贤者所适，其前无敌。"故士可下而不可骄，将可乐而不可忧，谋可深而不可疑。士骄则下不顺，将忧则内外不相信，谋疑则敌国奋。以此攻伐，则致乱。

【注释】

①悖：悖乱。

②当：抵挡。

【译文】

《军谶》上说："将帅之所以有威严，是因为号令；作战之所以大获全胜，是由于军政整饬；士卒之所以视死如归，是由于听从命令。"因此将帅要令出必行，赏罚必信，就像天地不可更改一样，才可以驾驭士卒。士兵听从命令，才能攻城作战。

统率军队、把握态势的是将帅；夺取胜利、击破敌人的是士卒。因此治军无方的将领不能让他统率三军，离心离德的士卒不能用来攻打敌国。这样的军队，攻打城池难以取胜，图谋市镇难以占领，两件事都劳而无功，反而军力疲惫。军力疲惫就会使将领更加孤立。用这样的军队守卫则阵地不保，用来作战则士卒溃散，这就叫做帅老兵疲。帅老兵疲的话，将领就没有威信；将领没有威信，士卒就不怕刑罚；士卒不怕刑罚，军队必然混乱；军队混乱，士卒就必然逃亡；士卒逃亡，敌人必然趁机而入；敌人趁机进攻，军队必然大败。

《军谶》上说："良将统率军队，用恕己之道来治理部下。广施恩惠，军队的战斗力就会日新月异，作战就像狂风一样，进攻就像洪水决堤一样。"所以这样的军队，能让敌人望风披靡而不敢抵挡，让敌人只能束手投降而不敢存有取胜的奢望。将帅身先士卒，因此士兵就称雄天下。

《军谶》上说："治军应当以奖赏为表，以惩罚为里。"赏罚分明，则将帅的威严才能建立。选官用人得当，士卒才会诚服。任贤用能，敌国就会惧怕。

《军谶》上说："贤士归附的国家，一定会所向无敌。"所以，应该对贤士以礼相待，而不能简慢，将士可以令其愉快，而不能使其担忧，谋划可以深邃，而不可以犹豫。将士骄横，下属就不会诚服；将帅担忧，内外就互不信任；谋划犹豫，敌国就会趁机得势。这样的军队去打仗，一定会导致祸乱的。

【注释】

① 从：归从，归附。

② 疾：迅速。

【原文】

夫将者，国之命也。将能制胜，则国家安定。《军谶》曰："将能清，能静，能平，能整，能受谏，能听讼，能纳人，能采言，能知国俗，能图山川，能表险难，能制军权。"故曰：仁贤之智，圣明之虑，负薪之言，廊庙之语，兴衰之事，将所宜闻。

将能思士如渴，则策从焉①。夫将拒谏，则英雄散；策不从，则谋士叛；善恶同，则功臣倦；专己，则下归咎；自伐，则下少功；信谗，则众离心；贪财，则奸不禁；内顾，则士卒淫。将有一，则众不服；有二，则军无式；有三，则下奔北；有四，则祸及国。

《军谶》曰："将谋欲密，士众欲一，攻敌欲疾②。"将谋密，则奸心闭；士众一，则军心结；攻敌疾，则备不及设。军有此三者，则计不夺。将谋泄，则军无势；外窥内，则祸不制；财入营，则众奸会。将有此三者，军必败。

将无虑，则谋士去；将无勇，则吏士恐；将妄动，则军不重；将迁怒，则一军惧。《军谶》曰："虑也，勇也，将之所重；动也，怒也，将之所用。"此四者，将之明诫也。

【译文】

　　将帅是国家命运的掌握者。将帅能够获胜，国家就安定。《军谶》上说："将帅能清廉，能沉静，能公平，能严肃，能接受谏言，能明断是非，能容纳他人，能听取意见，能了解各地的风俗，能精通地理形势，能明晓险关要隘，能把握三军的局势。"因此说，贤能人的睿智，君主的远虑，民众的议论，官员的意见，以及天下兴衰的往事，都是将帅应当了解的。

　　将帅若能思贤若渴，有谋略的人就会归附他。将帅不听从属下的意见，杰出的人才就会散去；不采纳谋士的良言，谋士就会离开；善恶不分，功臣就会灰心；一意孤行，属下就会归咎于上；自我炫耀，属下就不愿多建战功；听信谗言，军队就会离心离德；贪图钱财，就会奸邪不止；贪恋女色，士卒就会放纵。将帅如有上面的一条，将士就不会诚服；有了两条，军队就没有法纪；有了三条，全军就会溃败；有了四条，就会给国家带来灾难了。

　　《军谶》上说："将帅的谋划要保密，士卒的志向要统一，攻城略地要迅速。"将帅的谋划保密，奸细就无机可乘；士卒的志向统一，军心就团结一致；攻城略地迅速，敌人就来不及防备。做到这三点，军队的行动计划就不会失败了。将帅的谋划泄密，军队的有利态势就失去了；奸细知道了内情，军队的祸患就无法制止了；不义之财进入军营，种种坏事就出现了。将帅有了这三条，军队一定会溃败。

将帅谋虑浅短，谋士就会离去；将帅怯懦无勇，将士就会恐惧；将帅轻举妄动，军心就不稳；将帅迁怒于人，全军上下就会畏惧。《军谶》上说："深谋远虑，坚定勇敢，这是将帅的高贵品质。适时而动，当怒则怒，这是将帅用兵的艺术。"这四个方面，都是将帅应该作为训诫的。

【注释】

①卜：推算。

②爨：烧火做饭。

【原文】

《军谶》曰："军无财，士不来；军无赏，士不往。"

《军谶》曰："香饵之下，必有悬鱼；重赏之下，必有死夫。"故礼者，士之所归；赏者，士之所死。招其所归，示其所死，则所求者至。故礼而后悔者，士不止；赏而后悔者，士不使。礼赏不倦，则士争死。

《军谶》曰："兴师之国，务先隆恩；攻取之国，务先养民。以寡胜众者，恩也；以弱胜强者，民也。"故良将之养士，不异于身，故能使三军如一心，则其胜可全。

《军谶》曰："用兵之要，必先察敌情。视其仓库，度其粮食，卜其强弱①，察其天地，伺其空隙。"故国无军旅之难而运粮者，虚也；民菜色者，穷也。千里馈粮，民有饥色；樵苏后爨②，师不宿饱。夫运粮千里，无一年之食；二千里，无二年之食；三千里，无三年之食，是谓国虚。国虚则民贫，民贫则上下不亲。敌攻其外，民盗其内，是谓必溃。

【译文】

《军谶》上说："军队没有财物，贤士就不会来归附；军中没有奖赏，将士就不勇往直前。"

《军谶》上说："香喷喷的鱼饵下面，一定会有上钩之鱼；厚重的赏赐之下，一定会有敢死之人。"因此，礼遇是谋士归附的原因，厚赏是将士敢死的原因。以礼相待来招徕谋士，用厚赏招徕敢死的将士，那么那些人就会纷纷归附了。因此以礼相待而又反悔的，谋士就不会来了。用厚赏招徕而又反悔的，将士就不会为己所用。只有礼遇和赏赐始终如一，谋士和将士才会争相投奔。

《军谶》上说："打算打仗的国家，一定要先厚施恩惠；打算攻取别的国家，一定要与民休息。能以少胜多的，是厚施恩惠的结果；能以弱胜强，是得到民众拥护的结果。"因此，良将像对待自己一样对待士卒，这样就能全军上下一心，在战争中百战百胜。

《军谶》上说："用兵的关键，在于首先察明敌情。看看它的仓库，揣度一下它的粮食，推算它的强弱，调查它的气候和地形情况，寻找薄弱环节。"所以，国家没有战争而运送粮食的，国势空虚；民众面带菜色，百姓困苦。从千里之外运粮，百姓就会饥饿；临时砍柴做饭，军队就没有隔宿之饭。千里之外运粮，说明国家空缺一年的粮食；二千里之外运粮，说明国家缺两年的粮食；三千里之外运粮，说明国家缺三年的粮食，这正是国势空虚的表现。国势空虚，百姓就会贫穷；百姓贫穷，上下就不会和睦。敌人在外虎视眈眈，内乱丛生，这必然会使国家崩溃。

【原文】

《军谶》曰："上行虐则下急刻。赋敛重数，刑罚无极，民相残贼，是谓亡国。"

《军谶》曰："内贪外廉，诈誉取名，窃公为恩，令上下昏，饰躬正颜，以获高官，是谓盗端。"

《军谶》曰："群吏朋党，各进所亲，招举奸枉，抑挫仁贤，背公立私，同位相讪①，是谓乱源。"

《军谶》曰："强宗聚奸，无位而尊，威无不震，葛藟相连②，种德立恩，夺在位权，侵侮下民，国内哗喧，臣蔽不言，是谓乱根。"

【注释】

① 讪：诽谤，讥刺。

② 葛藟(lěi)：葛藤。

《军谶》曰："世世作奸，侵盗县官，进退求便，委曲弄文，以危其君，是谓国奸。"

《军谶》曰："吏多民寡，尊卑相若，强弱相虏，莫适禁御，延及君子，国受其咎。"

《军谶》曰："善善不进，恶恶不退，贤者隐蔽，不肖在位，国受其害。"

《军谶》曰："枝叶强大，比周居势，卑贱陵贵，久而益大，上不忍废，国受其败。"

《军谶》曰："佞臣在上，一军皆讼，引威自与，动违于众。无进无退，苟然取容。专任自己，举措伐功。诽谤盛德，诬述庸庸。无善无恶，皆与己同。稽留行事，命令不通。造作奇政，变古易常。君用佞人，必受祸殃。"

《军谶》曰："奸雄相称，障蔽主明；毁誉并兴，壅塞主聪。各阿所私，令主失忠。"

故主察异言，乃睹其萌；主聘儒贤，奸雄乃遁；主任旧齿，万事乃理；主聘岩穴，士乃得实。谋及负薪，功乃可述；不失人心，德乃洋溢。

[译文]

《军谶》上说："君主暴虐无道，下面的官吏就会苛责，横征暴敛，滥用酷刑，百姓就会不断地揭竿而起，这就是亡国之兆。"

《军谶》上说："内心贪婪而外表廉洁，用欺诈的手段获得名声，假公济私，上令下昏，假装正直、谦恭来骗取高官厚禄，这就是窃国的源头。"

《军谶》上说："官吏结党营私，各自引进自己的亲信，网罗奸邪之徒，压制仁人义士，背弃公德，谋取私利，同僚之间，相互攻讦，这就是大乱的源头。"

《军谶》上说："世家大族相聚为奸，没有职位却非常尊崇，威风所至，无人不惧。他们彼此相互勾结就像葛藤一样盘根错节，用小恩小惠收买人心，志在夺权，欺辱百姓，国内怨声载道，群臣却隐瞒实情，不敢直言，这就是大乱的根源。"

《军谶》上说："世世代代为奸作恶，侵蚀官员的权威，一举一动，都是为了谋取私利，歪曲文法，威胁天子的权威，这就是国家的奸贼。"

《军谶》上说："官多民少，尊卑不分，恃强凌弱，无力制止，君子也受到牵连，国家一定会蒙受其难。"

《军谶》上说："喜爱好人却不任用，厌恶坏人而不贬斥，有才有德的人被迫隐居，品行恶劣的人却当权执政，国家一定会蒙受其害。"

《军谶》上说："宗族势力强大，互相勾结，窃取要位，欺上瞒下，日益壮大，君主又不忍心铲除，国家必定受到败坏。"

《军谶》上说："佞臣受到重用，军队就会离心离德，倚仗权势炫耀自己，动辄违背众人的意愿。没有进退的原则，一味讨好君主。刚愎自用，夸耀自己。诽谤有德能的人，诬陷有功之臣。不分善恶，只求符合自己的心意。积压政务，使上下政令不通。干预朝政，变乱古制。君主喜欢用这样的佞人，国家一定会遭到祸患。"

《军谶》上说："奸雄相互吹捧，蒙蔽君主，使其是非不分。诽谤和吹捧同时兴起，堵塞君主的视听，使其善恶难辨。各自庇护自己的手下，使君主失去忠臣。"

因此君主能够明察不同的说法，就能看到事物的萌芽；君主任用儒士贤才，奸雄就会远遁；君主任用古旧耆老，政事就能井井有条；君主任用山林、土穴中的隐士，才能得到真正有才学的人。君主能够倾听黎民的意见，才能建立可以流传史书的功业；君主举动不失民心，才能德泽惠及天下。

中 略

《三略》一书，是为衰微的时代而作的。《上略》设置礼赏，辨识奸雄，揭示成功之道；《中略》区分德行，明察权变；《下略》陈述道德，考察安危，揭示残害贤能的罪过。

君主通晓此书，对自己的江山社稷有很大的帮助；作为大臣，通晓这本书之后，也能知道如何明哲保身，不遭到君主的残害。俗话说"狡兔死，走狗烹；飞鸟尽，良弓藏；敌国破，谋臣亡"。历史上只有少数几个人能逃脱功高震主的命运，唐朝诗人刘禹锡对此深为感叹："将略兵机命世雄，苍黄钟室叹良弓。遂令后代登坛者，每一寻思怕立功。"

【注释】

①矩：规矩，法制。

②备：军备。

③结：结交，交好。

【原文】

夫三皇无言而化流四海，故天下无所归功。帝者，体天则地，有言有令，而天下太平。群臣让功，四海化行，百姓不知其所以然。故使臣不待礼赏有功，美而无害。王者，制人以道，降心服志，设矩备衰①，四海会同，王职不废，虽有甲兵之备②，而无斗战之患。君无疑于臣，臣无疑于主，国定主安，臣以义退，亦能美而无害。霸者，制士以权，结士以信③，使士以赏。信衰则士疏，赏亏则士不用命。

【译文】

三皇没有任何言论，他们的教化就流布四海，所以天下的人不知道把功劳归功于何人。所谓的帝，效法天地而生，有言教有命令，天下因此而太平。群臣之间相互推让功劳，四海之内都得到教化，而百姓却还不知其所以然。所以任用大臣不需要依靠礼法和奖赏，就能做到君臣之间相互赞美而不侵害。所谓的王，用道来驾驭民众，使民众心悦诚服，设立规矩和法制来防备衰退，四海内的诸侯按时朝见，天子的法度实行而不废弃。虽然有了军备，但是没有战争的祸患。君主不怀疑大臣，大臣也不怀疑君主，国家稳定，君主的地位稳固。大臣适时功成身退，君主之间也能和睦相处而没有猜疑。所谓的霸，用权术驾驭谋士，用诚信来交好谋士，靠奖赏来任用谋士。失去信任，谋士就会疏远；缺乏赏赐，谋士就不会用命效力。

【注释】

①无：通"勿"。

②谋：谋划。

【原文】

《军势》曰："出军行师，将在自专。进退内御，则功难成。"

《军势》曰："使智，使勇，使贪，使愚。"智者乐立其功，勇者好行其志，贪者邀趋其利，愚者不顾其死。因其至情而用之，此军之微权也。

《军势》曰："无使辩士谈说敌美^①，为其惑众；无使仁者主财，为其多施而附于下。"

《军势》曰："禁巫祝，不得为吏士卜问军之吉凶。"

《军势》曰："使义士不以财"。故义者不为不仁者死，智者不为暗主谋^②。

【译文】

《军势》上说："出兵作战，贵在将帅有专断指挥的权力。军队的进退若是都受到君主的干预，事情就难以成功。"

《军势》上说："任用智者、勇者、贪者、愚者的方法（各不相同）。"有智谋的人喜欢建立功业，勇敢的人喜欢实现自己的志向，贪财的人喜欢追求俸禄，愚蠢的人不惜性命。都要根据他们的性情来任用，这就是用人的微妙权术。

《军势》上说："不要让能说会道的人讲述敌人的长处，因为这将迷惑众人；不要让仁厚的人掌管钱财，因为他会屈从下属的要求而浪费钱财。"

《军势》上说："禁止巫祝，不能让他们为将士卜测行军的吉凶。"

《军势》上说："任用侠义之士不能靠钱财。"因为侠义之士是不会替不仁不义的人去卖命的，明智的人不会为昏聩的君主出谋划策。

【原文】

主不可以无德，无德则臣叛；不可以无威，无威则失权。臣不可以无德，无德则无以事君；不可以无威，无威则国弱，威多则身蹶^①。

故圣王御世，观盛衰，度得失，而为之制。故诸侯二师，方伯三师，天子六师。世乱则叛逆生，王泽竭，则盟誓相诛伐。德同势敌，无以相倾，乃揽英雄之心，与众同好恶，然后加之以权变。故非计策无以决嫌定疑，非谲奇无以破奸息寇^②，非阴谋无

【注释】

①蹶：跌倒。

②谲（jué）：欺诈，诡诈。

以成功。

【译文】

　　君主不能没有道德，没有道德，大臣就会背叛；不可以没有威严，没有威严就会失去权力。大臣不能没有道德，没有道德就没有侍奉君主的权力；不可以没有威严，没有威严就会国家衰微，但威严过多又会害了自己。

　　因此，英明的君主治理天下，观察世道的兴衰，衡量政治的得失，然后制定典章制度。规定诸侯管辖两军，方伯管辖三军，天子管辖六军。世道混乱的时候，叛党逆贼丛生，天子的德泽枯竭了，诸侯就结盟相互攻战。诸侯之间势均力敌，没有办法战胜对手，就招揽英雄的心，与众人同仇敌忾，然后再运用权术。所以不运筹谋划，就没有办法决定嫌疑；不诡诈出奇，就没有办法平定贼寇；不秘密谋划，就没有办法取得成功。

【注释】

①差：比较。

②说（yuè）：通"悦"，愉悦。

【原文】

　　圣人体天，贤者法地，智者师古。是故《三略》为衰世作。《上略》设礼赏，别奸雄，著成败。《中略》差德行①，审权变。《下略》陈道德，察安危，明贼贤之咎。故人主深晓《上略》，则能任贤擒敌；深晓《中略》，则能御将统众；深晓《下略》，则能明盛衰之源，审治国之纪。人臣深晓《中略》，则能全功保身。

　　夫高鸟死，良弓藏；敌国灭，谋臣亡。亡者，非丧其身也，谓夺其威，废其权也。封之于朝，极人臣之位，以显其功；中州善国，以富其家；美色珍玩，以说其心②。

　　夫人众一合而不可卒离，威权一与而不可卒移。还师罢军，存亡之阶。故弱之以位，夺之以国，是谓霸者之略。故霸者之作，其论驳也。存社稷、罗英雄者，《中略》之势也。故世主秘焉。

【译文】

圣人能够体察天道，贤人能够取法地，智者能够以古为师。因此《三略》一书，是为衰微的时代而作的。其中《上略》设置礼赏，辨识奸雄，揭示成功之道。《中略》区分德行，明察权变。《下略》陈述道德，考察安危，揭示残害贤能的罪过。因此，君主通晓《上略》，就能任用贤能的人制伏敌人；通晓《中略》，就能驾驭将帅、统领众人；通晓《下略》，就能明白盛衰的源头，审察治理国家的纲纪。大臣通晓《中略》，就能明哲保身。

那高鸟死了，良弓就要收起来了；敌对的国家灭亡了，谋臣也就要消灭了。所谓的消灭，不是杀掉他，而是夺取他威严，废掉他的权力。把他分封在朝堂之上，位极人臣，来表彰他的功劳；在中原之地封给他肥沃土地，来使他家庭富有；赐给他美女珍玩，使他心情愉悦。

军队一旦编成，是无法仓促解散的；兵权一经授予，是无法马上收回的。战争结束，将帅班师回朝，这是君主权位生死存亡的时候。所以，削弱他的地位，剥夺他的兵权，这是霸者驾驭将帅的方略。因此，霸者的行为是驳杂不纯的。保全社稷，收罗英雄，这是《中略》所论述的权变。历代做君主的，对此都是匠心独运、秘而不宣的。

下　略

《下略》主要讲述的是国家治乱的源头。根据《下略》，君主就能明白盛衰的源头，审察治理国家的纲纪。

能够拯救天下危险的人，就能得到天下的安宁；能够除掉天下所忧愁的人，就能安享天下的乐趣；能够解救天下于祸患的人，就能获得天下的福祉。只有视天下为己任的人，才能够明白人民的心声，从而制定出符合人民利益的政令，与民休息，使人民和自己的利益相一致，然后，天下才能得到安定，国富民强，达到大治。

【原文】

　　夫能扶天下之危者，则据天下之安；能除天下之忧者，则享天下之乐；能救天下之祸者，则获天下之福。故泽及于民，则贤人归之；泽及昆虫，则圣人归之。贤人所归，则其国强；圣人所归，则六合同^①。求贤以德，致圣以道。贤去，则国微；圣去，则国乖^②。微者，危之阶；乖者，亡之徵。

【译文】

　　能够拯救天下危险的人，就能得到天下的安宁；能够除掉天下忧愁的人，就能安享天下的乐趣；能够解救天下于祸患的人，就能获得天下的福祉。所以恩泽惠及民众，就会有贤人归顺；恩泽惠及昆虫，就会有圣人辅助。贤人所归附的君主，他的国家一定强大；圣人所辅助的君主，天下就能统一。使贤人归附的是德行，使圣人辅助的是道。贤人离开，国家就开始衰微；圣人离开，国家就会混乱。国家衰微，是走向危险的阶梯；国家混乱，是亡国的征兆。

【原文】

　　贤人之政，降人以体^①；圣人之政，降人以心。体降可以图始，心降可以保终。降体以礼，降心以乐。所谓乐者，非金石丝竹也，谓人乐其家，谓人乐其族，谓人乐其业，谓人乐其都邑，谓人乐其政令，谓人乐其道德。如此君人者，乃作乐以节之，使不失其和。故有德之君，以乐乐人；无德之君，以乐乐身。乐人者，久而长；乐身者，不久而亡。

【译文】

　　贤人执政，能使人从行动上服从；圣人执政，能使人从心灵上服从。从行动上服从，可以开始创业；从心灵上服从，可以善始善终。使人从行动上服从靠的是礼，使人从心灵上服从靠的是乐。所谓的乐，不是金石丝竹，而是使人们喜爱自己的家庭，使人们喜爱自己的家族，使人喜爱自己的职业，使人们喜爱自己的城池，使人们拥护国家的政令，使人们乐于讲究道德。君主这样就用乐来节制人们，使他们不迷失理智。所以有德之君依靠音乐来使人快乐；无道之君，用音乐来使自己快乐。使人们快乐的君主，国家能够长治久安；用音乐来使自己快乐的君主，国家即将灭亡。

【注释】

① 释：放下。

② 累世：历代；接连几代。

③ 要：主要的，关键。

【原文】

　　释近谋远者①，劳而无功；释远谋近者，佚而有终。佚政多忠臣，劳政多怨民。故曰：务广地者荒，务广德者强。能有其有者安，贪人之有者残。残灭之政，累世受患②。造作过制，虽成必败。

　　舍己而教人者逆，正己而化人者顺。逆者乱之招，顺者治之要③。

【译文】

　　放下内政而谋划对外扩张的，一定劳而无功；放弃对外扩张而专注内政的，安逸却有所成就。实行安逸的政策，就会有很多忠臣；实行劳民伤财的政策，就会有很多怨恨的民众。所以说，一心要扩张土地的，内政必定荒芜；致力于修德的，一定会强大。能够保住自己所拥有的就安逸，贪图他人所拥有的必然受害。残酷暴虐的统治，世世代代都要受害。事情超过了限度，即使一时成功，最终也不免失败。

　　不改正自己的行为而教育他人的属于违背常理，先改正自己而后教育他人的才合乎常理。违背常理是混乱的征兆，合乎常理是治理国家的关键。

【原文】

道、德、仁、义、礼，五者一体也。道者，人之所蹈^①；德者，人之所得；仁者，人之所亲；义者，人之所宜；礼者，人之所体。不可无一焉。故夙兴夜寐，礼之制也；讨贼报仇，义之决也；恻隐之心^②，仁之发也；得己得人，德之路也；使人均平，不失其所，道之化也。

【注释】

①蹈：遵循，实行。

②恻（cè）隐：对受苦难的人表示同情；心中不忍。

【译文】

道、德、仁、义、礼，这五个方面是一个整体。道，这是人应该遵循的法则；德，这是人应该拥有的情操；仁，这是人应该亲近的柔情；义，这是人应该做的合宜事情；礼，这是人应该遵循的行为规范。这五个方面缺一不可。因此夙兴夜寐，这是礼所限制的；讨贼报仇，这是义的决断；恻隐之心，这是仁的发挥；修己安人，这是德的要求；使人均平，各得其所，这是道的教化。

【原文】

出君下臣名曰命^①，施于竹帛名曰令，奉而行之名曰政^②。夫命失，则令不行；令不行，则政不正；政不正，则道不通；道不通，则邪臣胜；邪臣胜，则主威伤。

【注释】

①命：命令。

②奉：遵照，遵命。

【译文】

出自于君主而到达大臣的指示这就是"命"，把它书写在帛纸上叫做"令"，遵照执行命令就叫做"政"。"命"有了失误，那么"令"就不能推行；"令"没有推行，那么"政"就产生偏差；"政"产生了偏差，那么道就不通；道不通，那么奸邪的佞臣就得势；奸邪的佞臣得势，那么君主的威严就受到伤害。

【原文】

千里迎贤，其路远；致不肖，其路近。是以明王舍近而取

【注释】

①佑：庇护。

远，故能全功，尚人，而下尽力。

废一善，则众善衰；赏一恶，则众恶归。善者得其佑^①，恶者受其诛，则国安而众善至。

众疑无定国，众惑无治民。疑定惑还，国乃可安。

一令逆则百令失，一恶施则百恶结。故善施于顺民，恶加于凶民，则令行而无怨。使怨治怨，是谓逆天；使仇治仇，其祸不救。治民使平，致平以清，则民得其所而天下宁。

【译文】

千里之外迎接贤人，路途十分遥远；招引不肖之徒，路途却十分接近。所以英明的君主能够舍近而求远，才能保全功业，尊崇贤人，而大臣也往往能尽心竭力。

废置一个贤人，那么许多贤人都隐退了；奖赏了一个恶人，那么许多恶人都来了。贤人得到保护，恶人受到惩治，就会国家安定，贤人归附。

民众对政令有所怀疑，国家就不会得到安定；民众都对政令感到迷惑，社会就得不到治理。要使民众对政令的疑惑消除，国家才可以安定。

一项政令违背民意，那么其他政令也就无法推行；一项恶政得到实施，无数恶果也就结下了。所以对顺民要实施仁政，对恶民要实施酷政，这样才会政令通畅，民众也就没有怨言了。用民众怨恨的政令来治理心怀怨恨的民众，叫做违背天意；用民众所仇恨的政令来治理心怀仇恨的民众，灾祸就无法制止了。治理民众要做到公平，而要实现公平，政治就必须清明。这样，民众便会各得其所，天下也就安宁了。

【注释】

①致：达到。

【原文】

犯上者尊，贪鄙者富，虽有圣王，不能致其治^①；犯上者诛，贪鄙者拘，则化行而众恶消。清白之士，不可以爵禄得；节义之士，不可以威刑胁。故明君求贤，必观其所以而致焉。致清白之士，修其礼；致节义之士，修其道。而后士可致，而名可保。

【译文】

犯上作乱的人受到尊重，贪鄙的人富有，这样的话，即使圣明的君主，也不能把国家治理好；犯上作乱的人被诛杀，贪鄙的人被拘押，这样教化推行，各种邪恶的事情就会消除了。清白之人，是不能用爵禄来得到的；节义之士，是不能用刑罚来威胁的。所以英明的君主求取贤人，一定要观察他是什么样的人。对于清白之人，要讲究礼；对于节义之士，要依靠道义。这样，贤人才能归附，而君主的名声也可以得到保全。

【原文】

夫圣人君子，明盛衰之源，通成败之端①，审治乱之机，知去就之节。虽穷不处亡国之位，虽贫不食乱邦之禄。潜名抱道者②，时至而动，则极人臣之位；德合于己，则建殊绝之功。故其道高而名扬于后世。

【注释】

①端：开始。

②潜名：隐姓埋名。潜，隐藏。

【译文】

圣人君子能够明白盛衰的源头，通晓成败的端倪，审察治乱的时机，了解去就的时节。即使穷困，也不会贪图亡国的高位；即使贫苦，也不会苟取衰乱之邦的厚禄。隐姓埋名却还有经邦治国之道的人，时机到来时一举成功，便可以位极人臣；君主的志向和自己的相投，就可以建立殊世的功勋。所以，他们谋略高明而扬名于后世。

【原文】

圣王之用兵，非乐之也，将以诛暴讨乱也。夫以义诛不义，若决江河而溉爝火①，临不测而挤欲堕，其克必矣。所以优游恬淡而不进者，重伤人物也。夫兵者，不祥之器，天道恶之，不得已而用之，是天道也。夫人之在道，若鱼之在水，得水而生，失

【注释】

①爝火：小火把。

水而死。故君子者常畏惧而不敢失道。

【译文】

圣明君主的用兵，不是因为他喜欢打仗，而是用来诛灭暴乱。用正义讨伐不义，就像断开江河来浇灭小火把一样，就像在无底深渊旁边去推下一个摇摇欲坠的人一样，其赢得胜利是一定的。所以悠闲恬淡而不急于进攻，是害怕伤害人民和财物。那兵器，是不祥之物，天道厌恶它，不得已才用的，这是顺乎天道的。人和天道的关系，就像鱼儿和水一样；得到水就能生存，失去水就要死去。所以君子常常心存敬畏而不敢失去天道。

【注释】

①毙：死。

②彰：表明，显扬。

③慕：仰慕。

【原文】

豪杰秉职，国威乃弱；杀生在豪杰，国势乃竭；豪杰低首，国乃可久；杀生在君，国乃可安。四民用虚，国乃无储；四民用足，国乃安乐。

贤臣内，则邪臣外；邪臣内，则贤臣毙①。内外失宜，祸乱传世。

大臣疑主，众奸集聚。臣当君尊，上下乃昏；君当臣处，上下失序。

伤贤者，殃及三世；蔽贤者，身受其害；嫉贤者，其名不全；进贤者，福流子孙。故君子急于进贤而美名彰焉②。

利一害百，民去城郭；利一害万，国乃思散。去一利百，人乃慕泽③；去一利万，政乃不乱。

【译文】

豪强把持朝政，国家的威望就衰弱；杀生之权掌握在豪强的手中，国家的威望就衰竭了；豪强俯首，国家才可以持久；杀生之权掌握在君主的手中，国家才会得到安定。百姓穷困，国家就没有储备；百姓富足，国家才会安乐。

重用贤臣，那么奸臣就被排斥在外了；重用奸臣，那么贤臣就被置于死地了。亲疏不当，祸乱就会沿传到后世。

大臣怀疑君主，众多奸邪就会乘机聚集。大臣享有君主的尊崇，上下就会名分不分；君主沦为大臣的地位，上下的秩序就颠倒了。

伤害贤人的，祸患会延及子孙三世；埋没贤人的，自身受其害；嫉妒贤人的，名声不得保全；提拔贤人的，子孙都会受到他的恩惠。所以君子都热心于推荐贤人而使自身的名声显扬于世。

使一人获利而使百人遭害，民众就会离开城郭；使一人得利而使万人受害，全国就会人心离散。除掉一人而让百人得利，人们就会感慕他的恩泽；除掉一人而让万人得利，政治就不会发生动乱。